百日醒

鸣人 ◎ 著

5G

鸣人 ◎ 著

中国财经出版传媒集团
中国财政经济出版社

图书在版编目（CIP）数据

百日百万 / 鸣人著. ——北京：中国财政经济出版社，2022.7

ISBN 978－7－5223－1504－1

Ⅰ.①百… Ⅱ.①鸣… Ⅲ.①长篇小说－中国－当代 Ⅳ.①I247.5

中国版本图书馆 CIP 数据核字（2022）第 103337 号

责任编辑：叶 彤　　　　　责任校对：徐艳丽
封面设计：马书瑶　　　　　责任印制：党　辉

百日百万

BAI RI BAI WAN

中国财政经济出版社 出版

URL：http://www.cfeph.cn
E － mail：cfeph@ cfeph.cn

（版权所有　翻印必究）

社址：北京市海淀区阜成路甲 28 号　邮政编码：100142
营销中心电话：010－88191522
天猫网店：中国财政经济出版社旗舰店
网址：https://zgczjjcbs.tmall.com
北京时捷印刷有限公司印刷　各地新华书店经销
成品尺寸：147mm×210mm　32 开　8.375 印张　170 000 字
2022 年 7 月第 1 版　2022 年 7 月北京第 1 次印刷
定价：59.00 元
ISBN 978－7－5223－1504－1
（图书出现印装问题，本社负责调换，电话：010－88190548）
本社质量投诉电话：010－88190744
打击盗版举报热线：010－88191661　QQ：2242791300

序

几十年过去了,现在我还记得小时候一位语文老师的模样,老师姓朱,对我们很严格,甚至有点凶,她常说的一句话是:"会说的肯定会写,会写的不一定会说。会说的,把他说的记录下来就是一篇文章;会写的,可能肚子里有货倒不出来。"

本人应该是属于后者,喜欢记录些东西,夜已深,旁无人,泡壶茶,奋笔书。书写这十年职场经历的起起伏伏,书写整个行业尤其是一线员工的悲欢离合。"百日百万",这个书名起得非常大气,这要感谢财经出版社编辑的智慧结晶。本人也有幸全程参与过百万用户规模级项目打造,除了产品、价格、促销、渠道外,更多的是靠一线员工一点一滴干出来的,在此向通信行业一线人员致敬!

本人干过证券,做过老师,大部分经历在运营商行业,还经历过下岗创业,从2G到3G再到4G、5G,技术在升,资费在降,营销还是老三样——摆摊、上门、价格战。因为经常到全国各地交流学习,我常感叹这个行业真的是很"卷",一线员工真的很苦很累,也常经历各种"奇葩"案例。小说中描写的事件、人物不限于某个省、某个市,可以说是来源于生活大杂烩，也做了些艺术加工，如有雷同，纯属巧合，诸君切勿对号。

忆往昔，也曾年少轻狂，意气风发，想要指点江山，激扬文字，语不惊人誓不休。却被职场现实教训得体无完肤，时间久了，也磨成了一块光滑的石头。我自认为不适合当领导，不善交际、不会察言观色，不知道什么场合说什么话，这些都是性格缺陷。

就像书里写的孟浩然见唐明皇的典故：40岁的孟浩然已经颇有一些诗名了，可是却考不上进士，这是什么原因呢？他觉得自己的才学还不够，又觉得皇上并不识才，再想想朋友们也没有尽力推荐自己。唉！头发都快白啦，还没有考上一官半职，一切都是空虚的，静静的夜是那么空虚，前途是那么空虚！一觉醒来，天已快黑了。孟浩然抓起笔，有感而发，一气呵成写出了《岁暮归南山》，其中有两句是"不才明主弃，多病故人疏"。

孟浩然去向王维告别。王维见他来访，十分高兴："昨天请你不来，今天不请自到。哈哈，心情好了吗？"孟浩然苦笑了一下，便跟着王维进了书房，两人谈起各自新写的诗作。这时，家仆来报："皇上驾到。"孟浩然吓得不知所措，连忙钻到王维休息的小床底下躲起来。唐明皇一脚跨进屋里，已经察觉这有趣的事儿，便对王维说："你请了哪位客人呀？出来见见吧。"孟浩然只好狼狈地爬出来，唐明皇笑着说："王右丞的朋友一定会做诗，我想听听好诗。"孟浩然心一横，就把昨夜吟的那首满腹委屈的诗念了一遍。唐明皇听罢，把脸一沉，说:"什么'不才明主弃',你自己考不中,还说我弃你,真是岂有此理!"

一句"不才明主弃,多病故人疏",写出了多少无奈与叹息。其实我更欣赏明朝薛纲写的一首《题徐明德墨兰》:

我爱幽兰异众芳,

不将颜色媚春阳。

西风寒露深林下,

任是无人也自香。

这诗写出了文人的气节,也有孤芳自赏的味道。穷则独善其身,达则兼善天下。现在我可能两者都谈不上,只是一个默默无闻的小人物,但还是为此书起了个响亮的笔名——鸣人,取自日本经典漫画《火影忍者》男主角。刚出生时父母为保护村子而牺牲,并将尾兽"九尾"封印在鸣人体内,成为孤儿的鸣人从小被村民歧视,但在唯一认同他的老师海野伊鲁卡以及第三代火影猿飞日斩的鼓励下有了要成为火影的梦想。为实现梦想,和守护伙伴们的羁绊,鸣人不断修炼变强,在追求梦想的过程中不断突破自我,贯彻了自身的忍道,获得人们的认可,并实现自己成为火影和忍界英雄的梦想。

所以,人还是要有点梦想的,万一实现了呢?

此时,万籁俱静,耳边响起《孤勇者》的旋律:

爱你孤身走暗巷

爱你不跪的模样

爱你对峙过绝望

不肯哭一场(You are the Hero)

百日百万

爱你来自于莽荒
一生不借谁的光
你建造你的城邦
在废墟之上
去吗？去啊！以最卑微的梦
战吗？战啊！以最孤高的梦
致那黑夜中的呜咽与怒吼
谁说站在光里的才算英雄

好了，就此开始吧。

鸣人
二〇二二年七月八日

目 录

引　子	……………………………………………	（1）
第 一 章	超级笔试之神秘51题 ……………………	（4）
第 二 章	不拘一格降人才 …………………………	（8）
第 三 章	BOSS直聘之偶遇校花 …………………	（10）
第 四 章	BOSS直聘之舌战群雄 …………………	（13）
第 五 章	BOSS直聘之"谈钱不伤感情" …………	（18）
第 六 章	市场总监钟慧的下马威 …………………	（22）
第 七 章	三板斧之"合纵连横" ……………………	（25）
第 八 章	三板斧之"华位M60定制" ………………	（31）
第 九 章	三板斧之天价"X级靓号" ………………	（35）
第 十 章	杜春希摘桃子 ……………………………	（37）
第十一章	滨海400万用户1元包打 ………………	（41）
第十二章	滨海广田副总选拔 ………………………	（44）
第十三章	杜春希晋升副总监 ………………………	（50）
第十四章	线下渠道中心组建 ………………………	（53）
第十五章	往昔竞争 …………………………………	（55）
第十六章	果美卖场突破出师不利 …………………	（58）
第十七章	进公账还是？ ……………………………	（61）

第 十八 章	滨海东西渠道中心	（65）
第 十九 章	开厅挑战赛	（67）
第 二十 章	"无限量"套餐大会战	（71）
第二十一章	谁用"无限量"套餐？	（73）
第二十二章	打开一扇窗	（77）
第二十三章	一枝独秀	（80）
第二十四章	光头李倒戈	（83）
第二十五章	"3·15"晚会曝光	（87）
第二十六章	断卡行动	（91）
第二十七章	小薇求救	（95）
第二十八章	领导也是人	（100）
第二十九章	酒后逃逸出新招	（104）
第 三十 章	拼夕夕大单	（107）
第三十一章	不换号也能转网	（110）
第三十二章	以牙还牙	（115）
第三十三章	5G大会战	（118）
第三十四章	慧家产品转型	（121）
第三十五章	电梯事故出大单	（124）
第三十六章	召开现场观摩大会	（128）
第三十七章	平级重用	（132）
第三十八章	人脸识别风波	（139）
第三十九章	FTTR拓展大赛	（142）
第 四十 章	装修不住宽带怎么收费呢？	（148）
第四十一章	卖保险与销售转型	（151）

第四十二章	方案优化	(155)
第四十三章	滨海宽带免费检测大行动	(159)
第四十四章	"通信我查查"大行动	(164)
第四十五章	号卡流沙	(166)
第四十六章	0元领5G智能机重出江湖	(171)
第四十七章	拜会杨自立	(177)
第四十八章	多点开花	(181)
第四十九章	组建地推团队	(184)
第 五十 章	区域PK赛	(187)
第五十一章	桔信分期路由器0元购	(193)
第五十二章	第一笔项目收入	(197)
第五十三章	代理会员费疯涨	(200)
第五十四章	广田集团考察组	(204)
第五十五章	宴请考察组	(211)
第五十六章	上市融资被骗	(215)
第五十七章	钟慧任职公示遇"举报"	(218)
第五十八章	最后疯狂	(223)
第五十九章	钟慧失联	(226)
第 六十 章	围堵滨海广田	(230)
第六十一章	再见小薇	(236)
第六十二章	通信服务区块链平台	(241)
第六十三章	千钧一发	(245)
第六十四章	一年之约	(249)
第六十五章	1314花店开张	(255)

引 子

　　滨海是三江省的省会，地处沿海，人口规模 800 万，是国内首批虚拟通信运营商开放城市。所谓虚拟运营商（Virtual Network Operator，VNO），是指拥有某种或者某几种能力（如技术能力、设备供应能力、市场能力等）且与电信运营商在某项或某几项业务上形成合作关系的合作伙伴，电信运营商按照一定的利益分成比例，把业务交给虚拟运营商去发展。滨海市通信市场有一个显著特点就是虚商独大（具体缘由且听后文评说），占据滨海市 90% 的通信市场份额。虚拟运营商里主要有三家，排名第一的是蜗动通信，在移动市场占据 55% 份额；第二名叫麦通通信，在移动市场拥有 25% 份额；第三名为迪信通信，在移动市场有 20% 份额。但在宽带市场，三家份额就反了过来，迪信、麦通、蜗动分别占有 60%、30%、10% 份额。

　　2019 年 6 月 6 日工信部宣布发放 5G 牌照，在滨海市，蜗动、麦通、迪信也获得 5G 牌照，同时获得 5G 牌照的还有一家叫广田的公司,以前是做广播电视的,在滨海有200万有线电视用户。随着5G牌照发放,广田发布了一则招聘公告,要招市场部副总监。要求就是"两要三不限":"两要"一是学历要本科以上,二是年龄要35周岁以下;"三不限"是资历不限,现有岗级不限,工作年限不限。这个招聘可以说是开创通信运营商招聘之先河。广田老总对公司人力部讲的原话就是"不拘一格,破格引进,找关系的不要,要能干成事的"。

曾士隐滨海大学研究生毕业,本来学的是会计专业,却阴差阳错地进入滨海迪信公司。一无关系二无背景,就靠着每日"896"的踏实工作,努力付出,硬是在关系复杂、员工近万的迪信公司做成了一个"埋在地下"的金子,眼看就要35岁,还没有被领导挖出来,依然在公司市场部做一个营销策划,美其名曰策划经理,实际就是码字发OA的,公司营销口一年要发300多个文件,其中150个都是曾士隐发的,平均两天就要发个文件。公司要求"逢节必炒",除了清明节,其他节日都要策划营销活动。年初开门红营销,年中时间过半任务过半,三季度高校迎新,最后一季度大战一百天。年年岁岁花相似,岁岁年年"炒"不同。

这天周末,曾士隐在家刷头条,突然就跳出一条推送,标题就是"滨海广田招聘市场总监",一看条件好像就是为自己量身打造一般,关键是35岁这一条,一下子触动曾士隐那脆弱的神经。人生能有几回搏?此时不搏待何时?过了35岁,

引　子

再想搏也没机会了。花了一个上午时间，曾士隐把广田发的竞聘表填得密密麻麻，从教育经历到工作经历、项目经历、个人评价，填得面面俱到，最后在期望薪酬一栏，士隐壮着胆子填了个月薪3万元。然后就把邮件发出去了。

当天是6月8日，招聘截止日期是6月15日。这么短的时间招聘，明眼人一看就知里面有文章。士隐工作也快10年了，其中真假也自了然，但试试总行吧。人生不但有眼前的苟且，还要有诗和梦想，万一实现了呢？

百日百万

第一章
超级笔试之神秘 51 题

报名邮件发出后,眼看就要到月底,离报名截止日期过了快两周,一直没有收到回复,士隐本来就没抱指望,也没当回事。一转眼到了 7 月 3 日上午,士隐一早起来发现一条短信,是"BOSS 直聘"发过来的,显示发送时间为 7 月 2 日晚 23:10,上面写着:

【BOSS 直聘】曾士隐,您好,欢迎参加滨海广田网络有限公司社会招聘。恭喜您通过简历筛选并进入笔试及性格测评环节,本次笔试及性格测评采取线上作答形式,作答时间为 7 月 4 日 15:00~17:00,其中 15:00~16:30 为综合测试,16:30~17:00 为性格测评。笔试全程进行音视频监控,如发现作弊行为,将取消考试资格。笔试账号和注意事项将以邮件形式于今日 24:00 前发到您报名表中的邮箱内,收到邮件后请尽快查看相关内容,确保硬件、软件设置符合要求(本次考试不允许使用计算器等其他数码设备),并及时登录链接进行试测。

下午 2 点左右，收到邮件账号，上面注明登录账号，同时提示要使用谷歌（Chrome）浏览器 8.0 版本。

曾士隐一看，看来招聘是真的呀，赶紧按照要求登录进行测试，测试摄像头、测试麦克风、测试音箱，按照步骤一个个测试了一遍。

第二天正好是周末，士隐赶快上度娘、头条还有通信人家园论坛，收集下广田公司相关资料，准备笔试。

下午 3 点准时开考，第一部分是笔试，显示有 51 题，对于考试，士隐还是有经验的，从小到大，可以说身经百战，一算时间，大概 2 分钟一道题，题目涉及面很广，都是选择题，有语言测试，什么选择 A "不但……而且……"，B "虽然……但是……"，C "只是……因为……"，D "一边……一边……"，看起来像小学语文，士隐有点不以为意起来。

还有计算题，不让带计算器，都是硬算，1999 的三次方除以 88，算到小数点后两位，这是招总监还是招计算机啊？算到这里，士隐开始怀疑起来了。不过，平时工作就经常是 PPT 和 Excel，这回总算是派上用场了。士隐越做越顺手，看这个节奏，每个类型 10 道题，马上要翻到第 51 题了，不知道最后的第 51 题，会是什么题目？士隐在心中分了一下神，也没多想，继续往下做着，终于杀到终极 BOSS 第 51 题，此时还有大概 15 分钟。

一看题目，士隐傻眼了，原来终极大招在这里，给出两段长文，类似广田总经理在工作会上的讲话，然后是一应用文写作，要求根据材料，不限材料，写篇应用文，题目自拟，"阐述你作为市场部副总监将如何开展工作,字数 600~10000 字"。

15 分钟写 10000 字作文,还要打字?这是招打字机吗?士隐头皮发麻,脑门冒起了汗,这时多年应试经验提醒士隐,要冷静冷静再冷静,赶快把 1000 来字的工作讲话前后通读了一遍,用了近 3 分钟,只记得一个"圆心战略"。但什么是"圆心战略",材料里面也没细讲,看得士隐一头雾水。

不过,士隐做材料还是有一手的,迪信公司市场口材料大部分都出自士隐之笔,他记得迪信公司今年工作会材料主题叫"克难攻坚 以战略转型促进迪信公司规模发展"。

于是士隐依照此主题写上一个标题"坚定执行'圆心战略'开创广田规模突破新局面"。

此时离考试结束还有 5 分钟!士隐灵机一动,想起小时候听过一个故事,叫"白卷英雄"张铁生。说是 1973 年参加高考,理化整张试卷题他只会做 3 道小题,其余一片空白,几乎交了白卷。因为他自知理化成绩不好,就在考卷背面给"尊敬的领导"写了一封信,谁知领导竟然称赞张铁生"真了不起,是个英雄,他敢反潮流"。后来张铁生被铁岭农学院畜牧兽医系录取并被破例发展为党员。

看来现在只能出奇制胜啦。广田现在获得 5G 牌照,从零起步,现在最关注什么?最需要什么?首要应该是规模,是用户,士隐思考再三,在最后一分钟敲上一句话:

"给我一百天,还广田百万户!"。

刚写完,电脑显示时间已到,已为您自动提交。

士隐长舒一口气，瘫坐在椅子上。紧接着还有性格测试，这个比较简单，就是在几个选项中选一个最适合你的，还有一个最不适合你的，什么"受人欢迎""冷静独立""光彩夺目""令人讨厌"之类的。

这个神奇的笔试终于结束了，第51题分值40分，士隐知道基本没戏啦。不过，也不是没有收获，至少算是长了见识。

百日百万

第二章
不拘一格降人才

滨海广田公司总部 17 楼,老总朱明松正在办公室询问副总监招聘笔试入围情况。

朱总刚从省城空降到滨海广田当老总,高级工程师,海归博士,"科技三江"千名领军人才。他"文武双修",喜欢中国传统文化,对易经、风水颇有研究。

朱总的办公室传承了中华传统建筑的精髓,挑高的门厅和气派的大门,室内室外情景交融,经典而不落俗套,自然建筑材料与攀附其上的藤蔓相映成趣,连续的拱门和回廊象征了"广纳财源"的好兆头。

豪华办公桌占据乾位,背后是"大好山河"的巨幅字画,下面是一排书柜;前方是一座小型山水园林池,池中龙鱼游弋;左边是一排山水字画屏风外加盆景树摘;右边是一套高级会客沙发座椅,摆放也是"左青龙,右白虎,前朱雀,后玄武",颇有讲究。

第二章　不拘一格降人才

人力部老总苏菲正在跟朱总汇报笔试入围情况，按照笔试成绩90分以上来初筛，有10人入围，清一色都是广田公司员工，有现有市场部主管，有下面区县分公司市场部总监，还有区县分公司副总。

朱总听完汇报，眉头微锁，问道："外单位的人，一个都没入围？"苏菲答道："外单位总共就一个人报名，这回笔试63分。"

"63分？这么低？这是什么蠢材？"朱明松讥笑道。

苏菲拿出笔试成绩明细表，指着曾士隐的打分表回答："确实是63分，但不能说是蠢材，基础分得了58分，全公司最高，不过最后一题公文写作只写了一句话，判了5分，总共63分。"

"基础分近满分，看来综合素质很高嘛，"朱明松来了兴趣，继续问道："写了哪一句话？"

"给我一百天，还广田百万户！"

朱明松一听，一惊，转而大笑："好，我要的就是不拘一格的人才！这个人也通知面试，是狂才还是蠢材，我都要亲自面面！"

苏菲答道："明白，朱总，我马上安排！"

第三章
BOSS 直聘之偶遇校花

这天,曾士隐正在会议室开会,突然接到一个陌生电话,士隐以为是推销的,随手挂掉了,谁知电话不依不饶,又打了进来,直到第三遍,士隐跑出会议室,按下接通键,正准备说,"我不需要",电话那头传来一个甜美的声音:

"尊敬的曾士隐先生,这里是 BOSS 直聘,恭喜您进入广田公司社会招聘面试环节,请于本周日上午 9 点准时到广田公司总部大楼 13 楼会议室参加面试!"

士隐一听,笔试竟然选上了,大吃一惊,连忙问,有多少人面试啊?对方答道:"这个广田公司没有告知,您到现场就知道了,公司地址在滨海市花园大道特 1 号,您 8 点 40 到门口,会有人接您进去的。"

士隐还想问些细节,对方已挂断电话。看来要通知的人不少,是骡子是马,该牵出来遛遛啦,不过,百日破百万的牛皮,要想办法圆场啊。

第三章　BOSS直聘之偶遇校花

周日一大清早，士隐理了理竞聘思路，穿上衬衣，打好领带，擦亮皮鞋，查询导航，直奔地铁8号线去。

来到花园大道特1号，才8点不到。士隐在广田公司门口驻足而立，只见大门口立了块牌子，上面白底黑字，写着：滨海市广田广播电视网络有限公司。

门口有安保人员站岗，岗前也立了块牌子：非本单位人员禁止入内！看来这公司安保级别还很高啊。

士隐上前询问面试人员如何进去，安保人员往旁边小岗亭一挥手，说道："请到岗亭处登记"。士隐又来到岗亭，门还没开呢。

一直等到8点30分，才看见有一美女拿着"面试人员接待处"的牌子走出来，士隐赶紧迎了上去，对方说道："您是曾士隐先生吧，请跟我进去参加面试。"

曾士隐见对方很面熟，好像是小学时的校花，试着问了下，"你是春生小学的吧？"对方一脸惊奇，答道，"你怎么知道？"

"你是平小薇吧？你好，我叫曾士隐，是你隔壁班的，你小时候可有名啦，记得你上到五年级就转学啦。"曾士隐说起来挺激动，想不到在这里还能遇到以前的校花，小时候都没机会说过话。

小薇有点羞涩地答道，"几十年前的事，你还记得那么清楚啊？"

这下轮到士隐尴尬了，连忙想到此行目的，赶紧转移话题问道："不是说很多人面试嘛，怎么就我一个来啦？"

小薇答道,"总共 10 人,你是第 11 个,听我们领导说是朱总钦点的,其他 10 人都是单位内部的,早就进去啦。对了,你跟朱总很熟吗?"

士隐正准备说,"朱总是谁?",但看着美女期待的眼神,马上咽了口唾沫,改口道,"朱总嘛,呵呵,小熟而已"。

士隐边走边环视广田的环境,士隐从小也对琴棋诗画、先天八卦有所涉猎,一眼就看出广田公司的布局有底蕴,其正中央矗立一座山水鱼池,恰似朱总办公室中的放大版,这一块应是广田公司的"龙脉"所在。

其大门正好开在东北巽位,先天八卦中为生门;其总部大楼开在西北乾位,乾卦,天行健,君子以自强不息,象征主位。

士隐随着平小薇来到 13 楼大型会议室,里面已经有 10 来人,士隐签好到,跟大家打个招呼,顺着坐在第 11 人位置上。

8 点 50 分,小薇走上台,通报了面试规则:

"本次面试时间为 20~30 分钟,分为三个部分,首先进行竞聘演讲,用时 3 分钟;其次是命题回答部分,用时 6 分钟;最后是考官自由提问部分,请你对考官的提问进行回答,用时 11~21 分钟。下面请大家提交手机后,按顺序准备面试。"

第四章
BOSS 直聘之舌战群雄

面试环节，士隐开场白介绍以后，紧接着话锋一转，说道："广田公司喜获 699M 黄金频段，就像当年迪信公司收购 799M 的 CDWA 技术一样，CDWA 在麦通公司手上没发展起来，滨海迪信用一年时间发展就破百万户，核心是什么？"士隐卖了个关子，停顿一下，望向对面的考官，考官也都凝视着他。

"不是产品、不是价格，这些麦通公司都不缺，缺的是种子用户，迪信公司当年有近 200 万的小灵通用户，就像广田公司现在有 200 万有线电视用户一样。

广田既源于大部，信义远胜三家，招兵买马，思贤如渴，若用户百万，保其电视，拓展宽带，移动放号，外结好蜗动，内修渠道；诚如是，则霸业可成，三分天下可兴矣。"

士隐引用诸葛孔明对刘备说的"隆中对"，对广田加入通信市场"三国争霸"的态势进行一一分析展望。

百日百万

"当然具体的策略包括产品包装、宣传到达及渠道选择等,稍后会有详细的方案,这里就不方便细说了,相信各位领导也能理解。"士隐心想,要是竞聘不上,还把自己冥思苦想的锦囊妙计和盘托出,那不是赔了夫人又折兵。

命题回答部分,士隐也侃侃而谈,口若悬河,甚至越说越兴奋,感觉就像当年参加研究生论文答辩一样,尽情享受自己的舞台。

下面进入考官提问环节,这才是士隐与各位领导的真正交锋。

首先人力老总苏菲发问:你对广田公司熟悉吗?

这个问题看似寻常,实际是绵里藏针,一下点出了士隐的短板。士隐略一沉思,来了个将计就计,以退为进,首先答道:"说实话,我对广田公司不甚了解。"苏菲一笑,士隐接着说道,"前几天,为了了解广田公司,我专门到广田公司旗下的一个营业厅去走访,我问广田的宽带怎么办?营业员回答后,我又追了一句'这么贵,宽带有迪信公司的快吗?'营业员连忙说:'没有迪信的快。'当时我就很诧异,自家的营业员怎么会说自家产品速率不行,这不是把用户往外推嘛,一线员工的激励和考核肯定不到位,干与不干没什么差别。"士隐补充道。

广田公司脱胎于电视台,以前就是事业单位编制,台网分离,改制公司后,一线营业员都是老员工,拿的是死工资,当然多一事不如少一事。被士隐说中,苏菲脸上的笑凝住了,青一阵白一阵。

第四章　BOSS直聘之舌战群雄

这时财务总监叶询发问了,"你知道现在国企都是实行工资总额双刚性管控的,不像民营企业工资奖金发多少自己定。广田员工有5000多名,总额每年都被限定死啦,哪来钱提高员工工资?"

这个问题老国企迪信公司也遇到过,士隐答道:"迪信公司也有这个问题,解决办法就是全集团都推行的划小承包,是真承包,不是假承包,有的省市还进行外包,即创业承包,鼓励员工中止劳动合同成立公司,承包公司发展任务,激发一线员工积极性,完成业绩,增加收入;同时腾出人工成本总额给现有员工,现有员工待遇提升了,支撑外创员工也更到位,实现企业价值与员工个人收入双提升。"士隐就知道,有的外创员工,业绩完成R3指标的,一年能拿30多万元,令他羡慕不已。

轮到市场总监钟慧发问,"就你刚才的竞聘思路,无非就是低价策略冲嘛,但滨海近800万人口,其他三家用户总量远超于此,哪个用户现在还没有号码?如何让用户上号?"市场总监确实提出了一个比较现实的问题,目前通信市场已经由蓝海杀成红海、黑海,几乎是存量用户的零和博弈。

士隐答道:"这确实是营销中面临的首要问题,个人认为广田公司除了699M还有一张牌就是194号段。要破这个局就要发掘194号段。一个产品,我们往往只关注它的使用价值,包含多少分钟、多少G流量、多少M宽带等,而很少挖掘他的社会价值、身份价值和符号价值。我们就要打造194号段的社会价值,让194号段成为一种身份象征,同时易识别,这点要向手机厂商学习。什么MATE系列、P系列，屏幕越做越大，颜色越来越花哨，摄像头越来越多，什么星河银、翡冷翠，什么奥利奥摄像头，让人一看就知道是华位新出的M60系列。"钟慧听完，默默点了点头，觉得眼前这个小伙子有一定思想。

这时副总全三金又问了一个问题："迪信公司很出色，你为什么选择离开呢？"

士隐答道："我在迪信公司干了快10年，学到很多东西，以前也从没想过要离开迪信。我的每一任领导都对我说同样一句话：士隐，是金子总会发光的，加油干！而我也一直是用这句话在激励自己前行。这次竞聘报名可能也是一时冲动，还有贵公司不限岗级招人才的魄力鼓舞了我，所以我决定过来试一试。不管结果如何，我觉得都是我自己的一次历练，跟各位领导也学到很多东西。"士隐谦虚起来。

书记沈月还在一旁打瞌睡。

老总朱明松轻咳了一声，说道："曾士隐，首先很欢迎你参加我们公司组织的这次社会招聘，我想问的是破百万户你需要多久？"

士隐一听，想到"这估计就是大BOSS朱总啦，是逼我表态吗"，呵呵，士隐一脸坏笑，说道，"朱总，我在笔试卷上写的百日破百万，那实际上是被逼无奈出的下策。"朱明松一听，脸色变了一下，士隐连忙补充道："不过，要实现这一百万户也不是不可能，估计至少100天，可能200天，超不过300天，最多400天，具体多久取决于您对我的支持力度，还有一个关键点就是终端。目前支持699M频段手机没几款,我有个大胆想法,如果能实现,破百万用户将势在必得!"士隐摸了摸鼻子,小心翼翼答道。

朱明松听后,没有再说什么,望了望旁边的苏菲和小薇,苏菲立马说道:"好啦,今天的面试先到这里,请先回去,具体结果等通知吧。"

曾士隐起身离开,走到半路又返回,找校花小薇要到了微信,美其名曰"有问题好请教",出了广田公司大门,已快下午1点了,士隐心想,面试这么久,应该有戏吧。

百日百万

第五章
BOSS 直聘之"谈钱不伤感情"

一周后,人力总监苏菲突然告诉小薇两个消息,一是总办会上决定新业务经营由朱总亲自分管,副总全三金还是分管后端及传统电视业务;二是党委会上 3 票对 2 票通过曾士隐竞聘市场部副总监,有半年考察期,月薪一万元。要小薇赶快通知士隐明天过来办理入职手续。

小薇通知士隐时,士隐还在办公室赶月度经营分析会材料,听到通过啦,大叫一声:"仰天大笑出门去,我辈岂是蓬蒿人!"旁边同事见士隐大叫,问道:"士隐,你中彩票啦?"士隐呵呵一声,放下手中工作,往迪信市场部主任办公室跑去。

主任叫章江鸥,一见士隐,问道:"月度分析会材料写完没?明天要上会了。"士隐答道:"主任,还在改,另外有个小事跟您汇报下。那个,我有个同学在广田公司,她推荐我参加他们公司市场部副总监竞聘。"江鸥一听,说道:"士隐,

第五章　BOSS直聘之"谈钱不伤感情"

你还年轻,要摆正心态,不要好高骛远,当然可以去见下世面。"士隐接着说,"对对,我也是按主任说的抱着长见识的心态去的,结果刚通知我竞聘上啦,要我明天去报到。"

"什么,竞聘上啦,士隐,你知道的,一直以来我都是很器重你的,也一直在培养你,很多事情我都没有通过副主任直接交给你办了,你要考虑清楚啊!"

士隐说:"感谢章主任一直以来对我的关心和支持,还记得我跟您一起发表的文章结尾写道,生活除了眼前的苟且,还有诗和远方。我想趁现在有机会,出去见识一下,再次感谢章主任,那月度分析材料,今晚加班一定交给您。明天我就去报到,今天我会做好工作交接。"

章江鸥见士隐去意已决,补充道:"士隐,如果你离开迪信岗位有所提升,那我祝福你,希望你在新的公司展翅鹏飞。"

士隐离职手续办完前,在OA上给所有同事发了最后一条即时通讯,是一首诗:

士隐九载拼,

往来依白丁;

凌云青未了,

爱拼才会赢。

各位领导、同事,青山依旧,绿水长流,滴水之恩,有缘相报!士隐暂别。

办完离职,突然想起还没谈钱呢,士隐连忙给平小薇去了个电话,询问薪酬,回答是月薪1万元,虽然比目前收入高,但离士隐报的 3 万元还是有不小差距。

士隐第二天到广田公司报到，径直找到苏菲，询问为何待遇比预期填报差这么多，苏菲笑道："你知道广田副总一年工资才多少钱吗？月薪 3 万？可以啊，像你说的出去创业承包，挂在广田三产公司下，如何？"士隐问道："挂在三产公司下，还是广田公司人吗？""与广田签中止合同，应该算是三产公司的外包工？""我迪信公司的正式工到你这变成三产公司的外包工？这怎么成？"

"那就没办法啦，有问题你去找朱总吧。"苏菲有些敷衍。对了，大 BOSS 还没见呢，士隐按苏菲指引来到 17 楼，大办公室门口坐着一美女，是朱总秘书武媚，问道："请问你找？"士隐："我找朱总。""有预约吗？""没有。""那不能进。""你帮我去问问，就说百日破百万的曾士隐过来报到。""好吧，我进去试试。"

不一会儿，武媚出来了，对士隐妩媚一笑，"朱总请你进去。"

士隐来到朱总办公室，进门中心就看见山水池造型跟楼下广场中的一样。朱明松在老板桌后坐着，跟士隐招招手，说道："士隐，欢迎你成为广田公司一员，晋升市场部副总监。"士隐笑道："朱总，现在是不是到了 BOSS 直聘最后环节，谈钱不伤感情啊。"

朱明松一听，乐了，说道："谈钱当然伤感情，现在你已经是广田中层领导班子一员了，要有觉悟，我党宗旨是全心全意为人民服务，你还年轻，眼光要放远一点，不要动不动就谈钱。还是跟我再具体说下你的百日百万计划。"

此时，士隐不再藏着掖着，将整个计划和盘托出，具体分为三步棋，涉及合纵连横、华位最新款 M60 定制以及零预存送手机等细节及支持，朱明松听完默默点头。

朱总认真听完，面色一正，提醒士隐，"在国企想干成事，你要做一块圆滑的石头，外圆内方，外表要圆滑，这样才能向前推进；内心要有底线，这样才能不随波逐流。你的计划如果想要执行，关键是要得到市场总监钟慧的支持，当然这可能不是一件容易的事，核心是你要与他形成利益共同体。"

士隐连忙问道："如何形成利益共同体呢？"朱明松点道："现在新业务经营是由我亲自抓，实际上应该是副总管，你能帮他坐上副总位置，他自然会支持你。"

士隐听后，茅塞顿开，连忙感谢朱总提点。朱总最后说："我也才来广田不久，现在正是用人之际，士隐，好好干，别让我失望。"

士隐立即起身，一拍胸脯，说道："感谢朱总提携，士隐以后跟着您干啦！"

第六章
市场总监钟慧的下马威

士隐来到钟慧的办公室,准备跟他报个到,钟慧见到士隐,脸色一变,开口道:"哎呀,曾大才子来啦,怎么不提前说声,我好去提前迎接啊?"

士隐一听,感觉语气怪怪的,果然钟慧话锋一转:"不过,广田可不比迪信,广田有广田的规矩,到了广田,就得守广田的规矩。"

士隐赶忙说道:"报告钟总监,新人向您报到,我有什么做的不到位的地方,还请钟总及时指出来,我立马改正。"

钟慧这才正色道:"士隐,当副职要摆正自己的位置,你不报告我,直接跑到朱总办公室去干什么?你不知道越级报告是职场大忌吗?你以为我会不知道吗?公司领导办公室一有什么动静,我这边都了如指掌。"

士隐这才意识到自己犯了大错,只想着找朱总讨说法,却没想到越级报告这层,还偏偏被钟慧知道了。这种事如果发生

第六章 市场总监钟慧的下马威

在同事身上,可以有很多办法对付,比如惹不起躲得起,比如眼不见心不烦,比如井水不犯河水,比如退一步海阔天空。可这种事一旦发生在上下级之间,尤其那个上司掌握着你的生杀大权的时候,你就避无可避,躲无可躲,只得硬着头皮接招。

士隐只得说:"哦,是朱总叫我去汇报下工作思路,其他我什么都没说,这不,正准备过来跟您汇报的,您就招呼过来啦"。

说到这里,钟慧脸色才好转过来,语气也缓和很多,"你要注意,凡事不要越过我直接找领导,我们对外一定要维护市场部的整体形象,保持一个声音,下不为例啊"。

这时一个人兴冲冲地跑到钟慧办公室说道,"钟总,我刚从朱总那里回来,按您要求把我这边工作做了汇报,重点谈了如何在您的指导下开展工作,重点业务取得突破,朱总听了很满意。"钟慧说:"嗯,很好,士隐听见没有,不是不让你们去汇报,而是要统一部署汇报。这是我们市场部的营销专员杜春希,资历比你还深,尤其这方面做得比你到位。你要多学习啊。"

士隐连忙称是,想到朱总跟他提点的"利益共同体",说道:"钟总,还有一个事情,要跟您单独汇报。"旁边杜春希看了士隐一眼,离开了钟慧办公室。

"什么事?"

士隐说道,"今天在朱总办公室,朱总提到新业务经营由他亲自抓,我当时就纳闷,在迪信都是有分管经营的副总,怎么这边是一把手亲自管?"

钟慧一听这，来了精神，"朱总怎么回答你的?"看到前后判若两人，士隐暗自感到好笑，慢悠悠说道，"朱总说新业务经营才刚起来，所以他要亲自抓，同时对我提的百日百万计划非常关注，说做成了，那市场部就是大功一件，以后就可以交出去啦"。

"对啦，士隐，你这个百日破百万到底是什么计划，需要我怎么支持，你尽管说，我全力支持!"钟慧把士隐又引到沙发上坐下，笑眯眯地说。士隐叽里呱啦说了一通，钟慧道："好好好，明白明白"，搞得像士隐下属一般。

士隐当然清楚越级上报确实犯了职场大忌。你虽可以越级上诉，可更上级领导却绝对不可能为了你这普通一兵，和一名中层干部闹翻。甚至还有一种可能，更高级领导为了掌控中层，有意在下面培养几个刺头，如此一来，你就成了人家手里的棋子。士隐不想成为别人的棋子，但更怕连成为棋子的资格都没有。

第七章
三板斧之"合纵连横"

广田194要放号,首先得有网络基础,先找到蜗动老总牛哄哄,牛哄哄一听广田要谈合作,一副牛逼哄哄的样子,当场拒绝,表示没接到省公司指示,一切免谈。

首次谈判碰壁,曾士隐没有灰心,跟朱明松汇报后,直接通过三江省广田找到蜗动三江省公司,要滨海蜗动与滨海广田商讨合作事宜。

二次上门,滨海蜗动态度上有了松动,但还是在敷衍,推出一个新名词叫"网间电路",说是双方合作需要扩容,正在向省公司打申请,这可把朱明松他们气坏了。

朱明松一直向上反映,找到集团,终于得到消息,"不急,双方集团层面的合作协议马上就要签下了,就这两天会发通告。"

果然没过两天,广田集团和蜗动集团在北京签署"5G战略"合作协议,正式启动699MHz 5G网络共建共享工作。

百日百万

　　有了集团整体合作框架协议这把尚方宝剑，滨海蜗动不敢再怠慢，在上级整体合作框架下，达成了滨海市合作方案：

　　一是在 699MHz 频段上，双方共同建设该频段无线接入网，新建、扩容、更新改造的费用由双方按 1:1 比例共同投资，并且双方按照 1:1 的份额享有该频段网络的所有权。

　　二是在 699MHz 无线网络规模商用之前，广田借助蜗动的 2G、4G、5G 网络为广田客户提供服务，语音按照 0.05 元/分钟，流量按照 0.5 元/GB 跟蜗动进行结算，同时请朱明松出马，动用广田深厚的背景关系，还谈了一个优惠价，即凡蜗动用户漫游过来的语音统一按 1 元/户进行打包，其他迪信、麦通用户还是按 5 分钱结算。

　　这样移动侧基本就解决啦，再看固网端，老东家迪信还是占有绝对优势，士隐以"感恩宴"为由，组了个局。广田这边老总朱明松、市场总监钟慧，加上秘书武媚，迪信这边对等的请了老总施全意、市场部主任章江鸥。

　　餐厅定的是在新胜花园顶楼一家私厨，只有一间包房，提前一周预订，食材都是空运过来。

　　餐厅入口处悬挂着两个灯笼，左边板块引入"高山流水"，平添几分文人雅致，右边造景与左边对应。

　　餐厅内用的明清家具，左侧是镂空的鱼鳞形状屏风，右边配以绿植和假花的点缀，用餐环境幽静高雅。顶楼天台设计颇有小资情调，总体以纯白色调为主，菱形花纹的地砖让总体格局显得别具一格，焦糖色遮伞下是金属吊灯，黑色镂空可见鹅黄色灯泡，整个包间气氛优雅而略带几分神秘。

第七章 三板斧之"合纵连横"

广田这边四人提前在包间等候。迪信施总与章主任走进包间，主动跟朱总等人握手，说道："朱总，我给你这边输送了一员大将啊，你不能这一顿饭就把我打发啦。"像是熟极了的好友。

朱明松连忙迎上："那是，那是，士隐真是一人才啊！"

朱明松请施全意坐在首位，而首位原本是他自己的位置，但迪信老总在滨海论行政级别属副厅，朱明松是正处，施全意推托几下就坐下了，左边朱明松，右边是章江鸥，再是钟慧、武媚、曾士隐坐在靠门的席位。

朱明松亲自给施全意拿来一套餐具，武媚很有眼力见儿，拿起酒瓶走到施全意身边，抢着给施总斟上了酒，然后一一给其他人斟满酒。

这时朱明松端起酒杯说："施总，今天这顿酒是双喜临门酒啊。首先是感谢您这边向广田输送了士隐这个人才啊。"

施总笑道："不敢当，这小子走时候也不跟我打声招呼，还是 OA 上看到他的离别诗才知晓。"

士隐连忙起身，赔罪道："施总，小人物，不敢惊扰施总，再次感谢感恩施总、章主任对我的培养，我先自罚一杯。"说着，端起杯子，一口干了。

施总接着说："年轻人就是有闯劲儿，不像我们这些老家伙啊。不知朱总说的是哪双喜？"

朱明松说道："我们初入通信行业，想跟迪信修秦晋之好。"

这时，章江鸥搭话："呵呵，朱总，网上就报道了，你们跟蜗动早就699M达成共建共享合作协议了。"

朱明松说:"章主任,与蜗动合作那是集团统一的安排,多个朋友多条路嘛,699MHZ频段我们也可以拿出来给迪信分享。"

通信业内人士都知道低频意味着覆盖:

基站信号要从基站到达用户,需要经过室外传播损耗、绕射损耗、树木和房屋的穿透损耗以及室内的传播损耗等几大杀手,低频基站穿透性更强。

以4G覆盖为例。

目前光移动一家在全国共有315万个4G基站,5G覆盖要达到4G的覆盖程度,需要新建的基站数量可想而知。

而使用699M频段,只需建设45万到50万个基站就可以覆盖全国了。

由此可见,699M频段的覆盖优势是非常巨大的,这正是它被称作"黄金频段"的原因。

施全意自然知道这其中的份量,问道:"如何共享呢?"朱明松答道:"在滨海,99%的小区都有你们的固网覆盖,用这个来合作嘛。"

"兹事体大,我们要上报省公司处理啊,"施全意习惯性地打了一个哈哈,没有现场表态。

朱明松知道急不来,说道:"没问题,相信我们省公司都会支持的。来,给施总和章主任介绍一下,这是我们对外宣传部经理武媚。武媚,来给施总、章主任敬酒啊。"

酒过三巡,桌上的主角转移到武媚身上。桌上几个老总轮

第七章 三板斧之"合纵连横"

番给武媚上酒，武媚真是喝高了，一张本来雪白无暇的俏脸成了血色，就连那双大而冷艳的美眸里都充满了酒意，她整个人的气质也发生了巨大的变化，士隐初次见的那个高高在上、温和中透着高贵、隐隐拒人于千里之外的美女已经消失了，换上的只是一个喝多了的、略带几分俗气的女人。

士隐这时起身了，"施总，章主任，今天这顿酒主要是我的赔罪酒，怎么把我们武媚都喝成这模样了？您可知道她还兼我们朱总办公室秘书，把她灌倒了，我以后都进不了朱总办公室的门啦。"说的是玩笑话，但嬉笑间轻松地为武媚解了围。

士隐说完这番话之后，自己都觉得自己在说话方面大有进步，不单单是指话说得有技巧，也是指胆气的雄壮。换成以前，打死他也不敢用这种口吻跟施总说这种话，自觉自己的精气神有了很大的提高，整个人都有了质变似的。这种福至心灵的感觉让他酣畅至极。

他抬手端起身前的酒杯，举向施总，连喝了三杯。

旁边武媚看到士隐独饮三杯的帅气动作，美眸一亮，一双妙目直勾勾地盯在他脸上，红润的嘴角边出现了一抹优雅迷人的弧度。

施全意讪笑着说："小曾啊，好酒量啊，长江后浪推前浪。朱总，看来我们的合作会有一个好的开端啊。"朱总这时也举起杯，说道："好，为我们合作顺利，一起干一杯。"

武媚在旁边见士隐妙语连珠、处事老道，也是暗暗折服，可是想到他称呼自己为"我们武媚"，用语稍嫌亲热，又有些脸红。

武媚想到这里,脸上的笑意越发浓厚了。脸上醉意盈盈,在灯光映衬下,娇媚无比,令人心动。

士隐无意中扫了武媚一眼,看到她的娇媚模样,差点儿看呆,心里赞美不已,再不敢多看,转身看向朱总一行。

就这样,美女敬酒加士隐挡酒,在酒桌上基本敲定了双方的合作。

广田刚入此行,左拥蜗动5G移动网络,右握迪信最强千兆宽带,注定要在滨海通信市场掀起一场龙卷风。

第八章
三板斧之"华位 M60 定制"

9月20日,华位在德国慕尼黑召开了手机新品发布会,发布会上,带来了全新的 M60、智慧屏以及 Watch G2。

M60 搭载了集成 5G 基带的七零 990 Soc 芯片,同时支持 5G SA/NSA 双架构,屏幕方面,M60 配备了 6.62 英寸 OLED 全面屏,M60 Pro 采用 6.53 英寸 OLED 环幕屏,屏幕弯曲角度达 88 度,手握环幕屏,如同把世界握在手中。

定价方面从 799 欧元到 1199 欧元,保时捷设计(12 + 512GB 版本)定价 2095 欧元。

获悉这一消息之前,士隐就开始提前在运作了。首先是货源抢订,华位上市分货主要在 KA 渠道,包括全国连锁卖场、几大运营商终端公司、各省 368 重要客户及各专卖店体系。

朱明松带着曾士隐直接来到东莞市松山湖园区新城路 2 号,华位终端总部,就华位 M60 在滨海市包销事宜进行洽谈,谈判一开始不是很顺利,士隐提出要包销 20 万台 M60,同时要做成机卡一体机,即没有卡槽,号码由广田在后台写进去,避免机卡分拆。

对方一听就说没有先例,直接回绝。士隐持续谈了几天,都没有下文。这时朱明松通过校友会找到了华位总部,一直找到轮值董事长这一层,这才把事情谈成,对方就一个要求,底价 4000 元,总共 8 亿元,不得赊账。

士隐这边又开始筹钱去了,这么大的资金量,广田也拿不出来,也不能直接找银行,广田作为分公司,非独立法人,没有贷款资质。士隐毕竟是学会计出身,问了一圈老同学,找到一个解决方案,通过一个叫新九州国际金融租赁公司来解决。

新九州公司老总姓兰,单名一个立,在业界可以说是个传奇。早期是做过桥贷款的,月息两分,日息千三,说话的工夫就能赚一瓶洋酒。后来在高人指点下,花五万多从牌照贩子手中买了一个注册在三线城市的中外合资租赁公司;花一万多月租在上海郊区租了间一百多平的办公室;花 2000 元请了个会计每个月记账;还在香港也注册了家公司,租赁公司香港公司不用代理记账,只用每年年审一次 5000 元。就这样算下来,运营一家金融租赁公司,每年花费只需 20 万元出头。

租赁公司成立后,兰立来到东州市,凭借与副市长的哥们关系,加之自我吹嘘的丰富租赁经验和完美团队,以创新拓展中小微融资渠道、金融服务实体经济的噱头,很快拉来政府的大额投资。

还是原来的 10% 砍头息和计息利率,还是原来的银行批

第八章 三板斧之"华位 M60 定制"

复+房产抵押征信手段,不同的是,这次兰立和客户签的,是《售后回租租赁合同》。

公司审项目的逻辑相对比较简单,主要选取当地医院、城市公用等承租主体,属于弱周期行业,经营风险较低。前脚兰立把合同签好拨完款,后脚政府就安排当地银行把资产接下来,就这样盘活了资金继续拨给下一个客户。

有了东州市的成功经验,兰立把身边能用的关系全搜罗了一遍。在一年之内,兰立团队分别在西川市、南平市、北满市,与当地政府平台合作分别设立了新的租赁公司。最辉煌的时候,四家租赁公司一年可以投放 100 个亿。

曾士隐找到兰立,兰立问他需要贷多少,士隐说"不多,8 个亿。"兰立笑道"曾总是个爽快人,8 亿我也不要多,以前都是 10 个点,现在利率下来了,两年 8 亿我只收你 7 个多点,如何?"士隐说,"我马上跟老板请示下。"士隐跟朱明松汇报找到出资方了,利息从 2 年 20 个点砍到只要 7 个多点,朱明松只想着百日百万,说道"授权你全权负责,出问题唯你是问!"士隐得了令箭,快马加鞭,加快推进。

首先新九州公司与广田公司签个协议,广田公司要发展 20 万高端用户,月销 299 元套餐,在网 24 个月,月分成比例 60%,20 万用户两年分成收入可达 $299 \times 60\% \times 24 \times 20$ 万元 $= 8.6112$ 亿元。

凭着这个协议,新九州公司找银行去申请贷款 8 个亿,用这 8 个亿,广田去找华位采购 20 万台 M60。中间的 6000 多万元就是租赁公司的资金成本及经营利润。没有不透风的墙,士隐找老同学运作 8 个亿的事很快在同学圈传开。大家表面上在群里说他大手笔，戏称他"8 个亿"，背后却笑士隐，好端端的会计专业研究生，不在高科技公司或金融公司上班，偏偏进入通信圈，天天摆帐篷、送号卡，别人还不要。真是男怕入错行，女怕嫁错郎。

不过士隐不在乎，他一心想做成这一单，这笔业务可以帮他在通信圈立足，也能给公司带来巨大收益。但高收益也兼具高风险，分成款不能按期拿回来，银行这边贷款还是要新九州按期还。士隐心里也隐隐不安，这么大的资金量，可千万别出问题。

不管怎样，到目前为止，这 20 万台紧俏机型到手，意味着百日破百万计划有了一个良好的开端。

第九章
三板斧之天价"X 级靓号"

按照士隐的想法,要赋予 194 号段社会价值和身份价值,一是要有最牛终端 M60 加持,二就是打造 194 号段的知名度。

广田拿出 194 - 22222222 靓号在阿里拍拍上进行网上竞拍。

在运营商体系,靓号都是有等级的,一般分为 10 级,1 级靓号带 1 个尾号 8,最低消费 49 元,预存款 200 元;最高到 10 级靓号,尾号 88888,最低消费 889 元,预存款 5 万元。

194 后面尾号 8 个 2,士隐把它定义为 X 级靓号,定价 10 万元,起拍价 7 万元。

9 月 29 日中午 12 点,滨海广田发布手机号——X 级靓号"19422222222",将在阿里平台进行竞拍。由于不允许收取靓号费,拍卖以预存款形式进行缴纳。预存款评估价 10 万元,起拍价 7 万元,消息一发布,立即引发滨海全市关注,总共有 13240 人报名,吸引 109373 人围观,截至 9 月 30 日中午 12:00,

X级靓号最终拍出了280万元的高价。

起拍一分钟内出价33次,24小时共计出价941次,这场激烈的竞争最终定格在倒计时4分钟。当时价格已经炒到240万元,一个神秘人突然加价40万元,直接280万元一锤定音。

第二天,士隐听闻神秘人到场,竟是滨海首富杨志。杨志起步于一个偏远小镇,靠做快递、搞批发起家,现在坐拥6家上市公司。"2019福布斯中国400富豪榜"显示,其个人身家已超100亿元人民币。士隐在杂志上看过他的一篇采访,杨志曾说他的梦想不是经商而是写诗,士隐读过他的诗,平实中带着一点忧伤:

  月儿因谁弯

  满腹心事压断肠

  月儿因谁圆

  夜深人静偷闲凉

  到底是心重压弯了月

  还是人静舒展了月

  又或是千年古月慰藉了我的忧伤

士隐与杨志聊起了他的诗,杨志颇有兴趣,借此士隐想请杨志为滨海广田194代言,杨志欣然同意,又打趣一句:"我代言收费好贵哟。"

第十章
杜春希摘桃子

随着194号段在滨海市热度不断上升,士隐的百日破百万计划开始越来越明晰,在广田内部也得到越来越多人的认可。

这天,市场总监钟慧组织士隐、杜春希一干人开194上市方案布置会,士隐系统阐述194上市方案,具体包括八个方面:

一、活动时间:10月7日~10月31日。

二、活动目标:上市首月销售机卡一体机M60 20万部,销售194号卡20万,其中双千兆用户10万。

三、活动政策:华位M60机卡一体机市场定价5299元,促销政策:零预存送华位M60,最低消费299元,协议期24个月。

四、活动套餐:

广田299双千兆套餐:60G流量+1000分钟全国通话+500M宽带+广田黄金版高清电视;

广田299 5G套餐:100G流量+1500分钟全国通话+广田黄金版高清电视。

五、活动号段：两个号段作为滨海194高端客户群代表，分别为19419100000～19419199999、19419200000～19419299999。

六、活动渠道：

在广田高清电视开设华位M60抢购专区，电视下单、选号、付款，各区分公司网格装维人员上门送货、号码激活及宽带装通。

七、活动宣传：

从10月2日起在200万广田电视用户开机广告界面及首页栏开始投放"华位M60+194双千兆，好机配好卡，好事成双，只送不卖"活动宣传。

八、现场组织：

10月7日在广田总部联合滨海电视台开展"滨海华位M60上市零预存大派送直播活动"，同步在广田数字电视屏上进行直播带货，预约抢售。

曾士隐把整个活动方案介绍完毕，全场都点头称道，这时钟慧发言了："整体方案不错，最后一项现场组织这里，直播带货的主播，你有没有人选？"

这个直播带货环节主播非常关键，直播界的那几个头部主播，一场直播下来销售额上亿元。这次直播也非同寻常，滨海200万电视用户都可能会观看，直播得好，那就会成为滨海家喻户晓的明星。所以士隐一开始是设想自己与平小薇或者武媚一起搭档主持带货。现在钟慧直接把这个问题提出来，他也不好直说，只得说道："钟总监，这个直播带货主播的人选非常关键，要对整个活动政策、流程熟悉……"话还没说完，钟

第十章 杜春希摘桃子

慧打断他的话:"我觉得重要一点,这个人代表滨海广田形象,气质要佳。"

这句话一出,伤害性不大,侮辱性极强,本主曾士隐自诩才高八斗,不过其貌不扬,一米七不到,虎鼻兔牙龙凤眼,属于赵传歌中所唱"我很丑,但我很温柔"。

钟慧顿了一下,接着说:"我建议让杜春希上,一是士隐要负责整体活动统筹工作,比较烦琐,二是春希以前在文工团工作过,有表演功底,形象气质佳。"钟慧两大理由都冠冕堂皇,无可挑剔,尤其士隐看了看杜春希,确实浓眉大眼、形象不凡。

士隐立马说道:"按照钟总要求落实,我全力配合春希做好直播。"杜春希站起身,向钟慧掬了一躬,说道:"感谢领导信任,保证完成任务。"又向士隐望去:"也请曾副总监多多指导支持。"

钟慧满意地笑了,说道:"成败在此一举,望全员精诚团结,旗开得胜,我给大家摆庆功宴,散会!"

10月7日晚8点,华位M60滨海直播兼零预存抢购会正式开始,其实有华位M60这个货就基本上成功一半了,M60刚上市,货源很少,定价5299元,市场上炒到7000多一台;而在滨海电视抢购界面,只需预存1000元话费(这是士隐这边临时加上去的活动要求,以免出现大面积套机),第一批到货1000台,杜春希还在说:"噢,买它,买它,就买它!"那个抢购界面字体就已经刷成灰白抢不到了。

网上各大社交软件还专门出了如何抢购滨海M60的攻略:

提前打开数字电视商城的华位 M60 的商品界面，盯紧倒计时，提前登录好，然后设置好默认的收货地址。这次抢购是支付 1000 元预存款，为了避免黄牛，手机的收货地址在付款之后是不能更改的，所以一定要确认好收货地址。就这样随着倒计时时间不断减少，终于在变成 0 的那一瞬间，我见到红色支付的按钮，果断点下，然后就是"排队中"界面，片刻的等待之后，见到了商品的支付界面，难道我就这样成功了？抢了那么多天，今天这么简单就成功了？……

前几天是每天 1000 台秒光，再后来是每天 10000 台售罄。一个月销售 20 万台高端客户小目标实现，耶！杜春希也成为滨海首个电视直播的网红，销售额 8 亿元！钟慧专门组织部门出了一批宣传稿《滨海广电开创电视直播带货新纪元》，附上杜春希直播的照片，在公司 OA 网上传播。杜春希那油光的发型这几天更加光亮啦，以前见士隐还比较低调，现在都是鼻孔对人了。士隐心里对他的"摘桃子"行为略有不平，但很快就告诉自己，没事别想那些没用的，这 100 万的用户完成了 20 万，后面还有 80 万的大众客户要去攻克呢！

第十一章
滨海 400 万用户 1 元包打

借助华位 M60 机卡一体机,广田 194 号段一上市就收割了一批顶级高端客户。要知道蜗动经营移动业务近 20 年,其用户平均收入(即 ARPV)逐年下滑,由高峰期的 588 元下降至目前仅 58 元左右,299 低消用户绝对是高端中的高端了。

但仅有高端用户远远不够,通信市场是典型的规模经济型企业,属于自然垄断;一个基站建设成本起步 10 万元,如果仅 1 个用户,单个用户成本定价就得 10 万元;如果有 1 万个用户,单个用户定价就只有 10 元。所以用户量是重中之重,没有规模就没有话语权。

士隐也看到"通信人家园"论坛上做的调查,价格是普通用户是否选择广田 194 号段的最主要因素。如何定价是 194 号段能否起量的关键。

经过测算,广田电视用户一个月 ARPU 值大概为 39 元,所以 194 号卡定价不超过 39 元,即现有广田电视用户,缴电视费就送一个号卡，对用户而言，没有增加消费，多了一张号卡；对广田而言，既稳定了现有电视客户，又拓展了移动客户，超出部分就是广田的增量收入。

基本定价思路如此，但士隐觉得还是不够吸引客户，因为现在用户都有手机号卡了，送一个号卡用户也不一定要，还需要更大的冲击力。

一是194号卡经过前期炒作，已经有一定品牌知名度和社会身份价值，现在谁用194号，那肯定是M60拥有者。

二是普通用户也想要194号，那就要有所区隔，选择194193~194199号段，作为大众用户发展号段。

三是蜗动目前移动用户有近55%的份额，近400万用户，与蜗动签订的1元包结算协议，现在可以派上用场了。

于是194好事成双卡诞生，只需39元含广田数字电视基础版+100分钟通话+300M流量，杀手锏是针对广田用户推出"1元好事成双包"，在滨海打蜗动与广田用户的号码，可以1元包打。

"194好事成双卡，蜗动广田400万用户1元包打"，这句广告词在广田200万数字电视开机画面广告一经投放，立即引起轰动，广田后台网络数据显示前期200万台数字电视中开机活动用户不到70%，1元包活动一出，开机数据迅速攀升，电视购物抢购窗口也日益火爆，订单量日高峰过万。大批蜗动、麦通、迪信用户纷纷加入194号卡的尝鲜行列。

数字电视上购物、聊天、抢购在滨海逐渐形成一种风潮，电视屏重新回到家庭信息平台的中心，广田194号段上市在滨海大获成功，预计到年底100万号卡任务目标基本实现。

正当士隐窃喜在广田首秀成功开场时，不知其后一场天灾即将来袭，那是从南方某城市暴发后蔓延至全国的新型冠状病毒肺炎疫情，这场疫情给士隐和他的百日破百万计划带来的影响几乎是致命的。

百日百万

第十二章
滨海广田副总选拔

百日破百万计划完成后不久,在广田 OA 网上突然发布一则干部会议通知,要求全体广田中层干部上午 12 点到广田总部会议室开会。

中午 12 点,会议室坐了近 200 人,台上朱总说道:下面请省公司人力总监杜胜利讲话,大家欢迎。

杜胜利,省公司人力老总,士隐第一次见到,长得文质彬彬,年纪看上去不小了,两鬓斑白,杜总环视一下会场,清清嗓子说道:"同志们,根据上级指示及整改工作精神,为加快推进滨海广田干部队伍年轻化建设,根据省公司党委研究决定,拟在滨海广田选拔一名分管经营的副总经理,现在进行民主推荐:选拔人资格条件两条,一是在 1980 年 1 月 1 日后出生,二是现任职资格为部门副职及以上;考虑到滨海广田干部队伍年龄整体偏大,符合此两条资格的仅 1 人,曾士隐同志,所以把年龄放宽至 1977 年 1 月 1 日以后,候选人 3 名,为市

第十二章 滨海广田副总选拔

场部总监钟慧、花园区分公司总经理洪建、市场部副总监曾士隐,请大家本着公平公正原则进行民主推荐,在同意的候选人后打圈。"

曾士隐一听,惊讶得下巴都快掉了,突然回想到早上食堂就餐,人力老总苏菲见面感觉格外亲切,态度180度转弯,莫非提前知道消息?

工作人员开始发推荐票,滨海广田领导班子的票是红色,其他人员的推荐票都是绿色。士隐坐在偏后的位置,旁边有人说:"士隐,牛啊,第一候选人就是你啊,以后当上老总要请客啊",士隐低调说道:"我哪敢啊,陪太子读书而已。"说完,低下头在自己名字后面画了一个圈。

下午,士隐接到朱明松电话,要他到办公室来一趟,士隐吸取上次教训,先跟钟慧汇报了一下,钟慧铁青着脸说道:"去吧,士隐,厉害啊,要当副总啦。"士隐连忙说道:"钟总,这位置肯定是给您留的,我不过就是个陪衬嘛!"钟慧笑了笑,没说话。

来到朱明松办公室,朱明松要士隐坐下,说道:"感觉惊喜是不是来得很突然?"士隐说道:"朱总,什么情况啊?"

朱明松说道:"事情发展比较意外,集团巡视,对干部年轻化提出明确要求,要求每个地市的领导班子都需配备一名80后干部,年前要整改完毕。正好你的百日破百万计划,我跟省公司汇报后得到高度认可,就把你作为第一候选人推荐上去啦。小伙子,继续努力啊!"士隐一听赶紧说:"感谢朱总栽培,我一定跟着朱总好好干。"

按照选拔流程，民主推荐结束，应该马上就是公示了，但天有不测风云，一场突如其来的新冠肺炎疫情席卷而来。

滨海几大运营商加上广田都投入抗疫保通信的战斗，转眼一个月过后，计费出账报告，出现大批用户欠费离网，尤其前几个月发展的20万299元套餐用户，近30%用户出现欠费离网。

总监钟慧得到数据后，立刻把士隐叫到办公室，质问道："这是怎么回事，为什么有六七万用户欠费离网，你知道这将给公司造成多么大的损失吗？一台手机4000元，6万户就是近2.5个亿啊！"士隐也是一哆嗦，冷静下来答道："我先查找一下原因再来跟您汇报。"钟慧又叫来杜春希，吩咐立即写个专题报告向省市公司汇报。

刚出钟慧办公室，朱明松电话追了过来："士隐，什么情况？目前正在省公司考察阶段，怎么出这样大的纰漏？"士隐忙说："朱总，我马上想解决方案。"

士隐立马赶到计费，查了相关系统数据，同时联络了几个区分公司，收集了一线情况：原来突发疫情，造成部分人群恐慌，同时前期这批客户仅交了1000元预存款，仅能用3个月，受疫情影响，有些用户就不再续费。同时上级要求，这段时间要维稳，不得给用户停机。因此，用户没续费也能正常使用，不续费的用户也就越来越多。

连锁反应接踵而来，前期新九州垫资的终端款也由于用户欠费无法对其分成。催款电话直接打到了省公司老总的手机上。省公司直接告诉朱明松，要对曾士隐进行调查乃至免职。

第十二章 滨海广田副总选拔

曾士隐焦头烂额地回到家,看到门上贴了张单子,扯下一看,竟是一封律师函:

曾士隐业主,滨海绿城律师事务所律师徐燕依法接受××公司委托,就物业服务费交纳一事向贵业主发出如下律师函。

……

为此,特敦促贵业主:

在收到本律师函之日起3日内支付物业服务费1290元,并承担物业服务合同约定的违约金。

请审慎对待,以免引起不必要的诉累。

特此函告。

绿城律师事务所

士隐一看这个律师函,眼前一亮,催费啊,这些高端用户最爱面子,可以通告啊,上征信啊。士隐连夜找到研究生同学唐星。唐星现在是滨海人民银行征信处处长,士隐求他把这批用户上央行逾期信用黑名单。唐星说:"不能直接上黑名单,不过可以警告一下,国家对话费欠费还没有强制上征信,但是这以后会是一个方向。"

士隐又向朱明松做了紧急汇报,说要发催收函,全市开机广告进行推送,肯定能收回欠款,朱明松同意了士隐的处理方案。

第二天,滨海广田开机页面不再是194好事卡的宣传,改为催收函:

尊敬的194高端用户,依法缴纳通信费是用户的义务,为避免后期影响您的信用评级及央行征信,请您及时缴纳通信

百日百万

欠费。

具体欠费名单如下（为保护用户隐私，号码中间四位用星号隐藏），接着就是一屏接一屏的电话号码滚动播放。

连续播放了3天，后台计费数据显示欠费用户在逐渐减少，到了月底5万高端用户欠费基本上都缴清了。

正当士隐长出口气时，公司下发了两个文件：一个是公示，另一个是通报。

公示内容如下：

为加强滨海领导班子建设，省公司考察组赴滨海分公司开展了市州分公司分管前端副总经理岗位人选的民主推荐工作。综合民主推荐结果、被推荐人选的一贯表现和近期风险事件，按照人岗匹配的要求，经省公司党委研究决定，拟将钟慧同志作为市州分公司分管前端副总经理的考察人选。为增强选拔任用工作的透明度，根据选人用人相关规定，现将拟考察人选公示如下：

钟慧，男，汉族，1977年4月出生，三江省滨海市人……

通报内容如下：

近期滨海分公司发生大面积用户欠费离网事件，给广田公司品牌及经营发展造成不利影响，鉴于滨海分公司补救措施及时，未造成较大实质损失，现对事件直接责任人滨海分公司市

第十二章 滨海广田副总选拔

场副总监曾士隐进行通报批评。

士隐暗自安慰自己,"没被免职就万幸啦。"正好碰到钟慧,士隐说道:"恭喜钟总荣升副总啊。"钟慧甚是得意,心情大好,对士隐说道:"士隐,你还年轻,有的是机会,加油干哟!对啦,还有做事不要操之过急,前期你这个零预存方案,我当时就感觉有风险,不过看你信心百倍,我就没多说什么。现在看来,以后还是稳妥点儿。国企嘛,关键是不出事,这是第一原则。"

士隐忙说:"感谢钟总教导,士隐铭记在心。"

百日百万

第十三章
杜春希晋升副总监

　　钟慧升副总不久,又不知从哪里听说要实行固网、移动业务分专业运营,并以此为思路,在市场部设立两个副总监,一个分管固网,一个分管移动。最后通过竞聘杜春希由营销专员晋升为副总监,分管固网,士隐管移动。

　　这时士隐才发现平时不显山不露水的杜春希是个人物。学历不高,但相貌出众,善于交际,情商甚高。据说不光深受钟慧器重,还与人力总监苏菲私交甚密,听说都是滨海市鸠州区的老乡。杜春希人前人后都是菲姐菲姐叫得亲密。

　　钟慧有回住院,杜春希忙前忙后照顾了一个月没回家,白天送餐,晚上起夜,都是杜春希,同病房都说比亲儿子还亲。杜春希只说一句话:"钟总,能照顾您,是我八辈子修来的福分啊。"

　　杜春希的老爸还曾经跟书记沈月共过事,把沈月的喜好摸

第十三章 杜春希晋升副总监

得一清二楚。沈月资历老道，为人豪爽，滨海广田一大半干部都是他提拔起来的。爱好也广泛，尤其喜欢打网球、打牌，还喜欢唱歌，人称"左打右唱"。

杜春希每个月都会安排一场"左打右唱"局，陪沈月打球唱歌。有时是体院的学生，专门请来陪沈月对打，个子高挑，身材火辣，还擅长发S球，打得沈月左突右跳，手忙脚乱，还摔了一跤，却立即爬起来继续打，根本看不出来是快60岁的人，杜春希就在旁边送水加油鼓劲，还说："沈书记，左边，右边，扣！好球。"

还有时是音乐学院的学生，歌声音质华美，靓丽，演唱松弛舒展，通透空灵，有如天籁。她们还用美声唱法跟沈月对唱《大风吹》：

取一杯天上的水

照着明月人世间晃呀晃

爱恨不过是一瞬间

红尘里飘摇

取一杯天上的水

照了明月人世间望呀望

爱恨重复过千百遍

红尘里飘摇

就让这 大风吹 大风吹 一直吹

最后是打牌，沈月打牌打得与众不同，一是规则新式，结合"血战到底"，还加"红中发财杠"，一直最后四家要打成只剩一家；二是打法出奇，经常为了不让下家开口，把三个东风拆开,一张一张打;三是手气不好要加风,再不好再换风,一直到风来为止。杜春希就会坐在后面一边帮看牌,一边哼唱"就让这,大风吹,大风吹,一直吹。"

第十四章
线下渠道中心组建

又过了大半年,朱明松有次在果美卖场购物,来到一楼手机柜台,准备看下新出来的手机,VIVO导购马上迎上来,给朱明松介绍手机卖点,朱明松问有什么优惠活动,导购说道:"有啊,现在购机可以给您送张流量卡,里面有200元话费,一个月有3G流量可免费用。"朱明松一听,来了兴趣,是哪个运营商的卡呢?导购答道:您要哪家有哪家?麦通、迪信的卡都送200元话费,蜗动的卡送100元。

"有广田的卡吗?"

"广田,那不是做电视的吗?谁用广电手机卡啊?"

"广田手机用户已经过100万啦,我用的就是广田卡194!"朱明松说完,掉头就走了。

第二天,关于组建线下渠道中心的文件及渠道中心总监的竞聘公告就发出来了。

线下渠道中心负责线下实体渠道(不含自营渠道)的拓

展、运营及管理，渠道经理队伍的组建及运营管理，包含卖场渠道、手机渠道、自建代理商渠道及各类异业合作渠道。

曾士隐又参加了竞聘，面试会上书记沈月问了个问题：士隐，这个岗位主要看你跟杜春希两个人，你觉得你跟他相比如何？

这个问题问得比较突然，士隐直接说比杜春希强，显得格局不高；说不如他呢，那岂不是自认放弃。士隐支支吾吾半天，只说自己在渠道方面的优势，避开了评价杜春希。

沈月笑道："杜春希可是说了你的很多优势，呵呵。"

最后，党委会讨论，沈月投了杜春希，曾士隐也到了渠道中心，不过是作为杜春希的副职，任渠道中心副总监。

任命文件发出后，朱明松专门找曾士隐谈了话，安抚士隐说道："年轻人，别光想着当官，要多干事，干成事，以后跟杜春希一起共事，要摆正位置：互相搭台，就好戏连台；互相拆台，就一起垮台。"

士隐说道："谨记朱总教诲。"

由此，广田在线下加入了三大运营商竞争格局，让本就白热化的市场更加焦躁。

第十五章
往昔竞争

滨海市这个地方，十几年前开始三家竞争就已到白热化，尤其是在一年一度的高校秋季迎新市场，都杀得刺刀见红了。因为这个地方的211大学就一家，叫滨海大学。每年高校迎新都是三家必争之战役。为何？每年新生都是近10万人，意味着10万张新增号卡，在存量市场日趋饱和情况下尤为难得。

十二年前，滨海联通新上任老总，为扭转市场份额败象，把高校作为重点市场突破。年初就对高校市场提前布局，动用省里关系同时投入大额投资，以"打造信息化校园"为名，与校方签订了滨海大学信息化建设合作协议，协议注明"高校迎新期间仅允许滨海联通工作人员进校园提供通信服务"。

8月28日，新生开始报导，滨海大学的迎新现场总共100顶标有"选3G就选沃"字样的帐篷在道路两侧整齐排放，威风凛凛。每个院系的迎新帐篷里都有联通的促销人员，他们在帐篷边摆上一个横幅"新生信息化手机领取处"，牵引着新生缴纳100元预存话费领取合约手机。不一会儿，一条条长龙在帐篷前排了起来。

突然在不远处，一个超市的门口出现了移动的帐篷，上面挂着一条横幅"不管怎样算 移动最划算"，一下子吸引了很多新生过来办理。

超市对面的邮局门口也出现了一个电信的帐篷，上面挂着一条横幅"算都不用算 天翼最划算"，也有不少新生驻足。

联通渠道经理发现新情况，赶紧赶过去，对着移动、电信的帐篷吼道："赶紧把你们帐篷收起来，这学校被我们包了！"

这三家迎新虽然都很重视，但还是略有区别。移动财大气粗，自有员工很少上阵，都是包给代理商去搞。电信人多，主要靠自有人员上。联通两者皆有。

移动代理商见联通人吼上门也不示弱，说道："哪个说你们包了，我这是跟后勤集团打了招呼的，你管不着！"。

对面电信人也回道："我们这是跟邮局合作的，跟学校没关系！"联通渠道经理马上跟经理汇报，经理带着一帮人，火速赶到，不管三七二十一，先把移动、电信的帐篷给打翻了。

这一下不得了，移动代理商也叫了一批人，电信人员亲自上场，三方人员打成一团，直到学校通知110报警，警方赶到，三方人员才罢手。由于两方打一个，联通那个经理当场就被打骨折，赶紧送去了医院。近30人大混战，打出两个重伤住院，十几个轻伤。

这件事一下子成为当地的群体事件，还登上了电视台。据说滨海市的文明城市评选也因为这次事件被撤销。滨海市领导大发雷霆，据说内部还下了一纸对三家运营商的封杀令："滨海市联通、电信、移动三家进行整改，同时以后不得在滨海市进行公开营销活动。"

但通信市场的需求岂是一纸行政命令能够封杀的？2010年年底国家正好发放第一批虚拟运营商牌照。公开营销做不了了，三家就扶持各自的虚拟运营商在滨海市进行销售。经过几年的发展，这三家虚拟运营商占据了滨海通信90%的市场份额，这也是滨海市为何虚拟运营商独大的由来。

百日百万

第十六章
果美卖场突破出师不利

线下渠道中心成立后,杜春希一直想快点做出成绩,对士隐这边也是大力仰仗,可以说比钟慧还支撑到位,士隐本来就是劳碌命,闲不住,被杜春希这么推着,也想着如何快速突破。

首先是滨海果美卖场如何突破,士隐上门去洽谈,对方一听是广田,说是份额太小,不让进;好说歹说,给对方描绘发展合作的大饼,才松口为,"进场可以,先交30万元进场费,租金及返利另算"。

士隐通过关系找到滨海果美卖场3C部主任,才对卖场里面的运营商合作模式有了更深入的了解。

3G时代,由于WCDMA产业链的成熟,一开始跟果美卖场深入合作的不是蜗动,也不是迪信,而是麦通。后来4G、5G时代,逐步放开,三家都进入了,主要是运营商自营模式:即运营商上人,帮果美卖场卖手机同时给需要号卡业务的用户上

第十六章 果美卖场突破出师不利

号；卖场获得上号业务的相关酬金及各项补贴，同时给运营商提供相应的场地进行业务办理，相当于运营商把自营厅搬进了卖场里，卖场要么收租金，要么免租收取返利。

但广田用户群不足10%，业务量太小，而且卖场里面比较看重的是家电及手机销售，运营商业务属于附带产品，无足轻重。士隐暗自想，得另辟蹊径突破局面。通过3C部主任的引荐，又找到了给卖场供手机的一家代理商翼通达，通过代理商开创了一条新模式，即代理制。广田通过代理商翼通达进入果美卖场，翼通达上人办理广田业务，广田给翼通达结算酬金。

框架协议签订后，剩下就是谈具体产品。要有进攻性产品，才能打破现有平衡，抢占市场。目前卖场推的最多的就是麦通的96卡，96元包20G流量+300分钟通话，蜗动是98卡，迪信是99卡，资费都差不多，但麦通送200元话费，促销力度更大，所以卖场的手机导购更愿意推麦通卡。

广田直接用39元好事成双卡对打，39元包300M流量，再在卖场叠加10元包10G流量包，相当于低消做到49元，同时送300元话费，对外宣传"果美卖场194好事卡，半年包打！"这对用户来说就很有冲击力了。

第二是促销层面，给各促销导购设置爬坡奖励，20元/件，每天达5件，奖150元，达10件，奖350元，鼓励促销员抢单做量。

果美卖场一天手机销售约80台，周末高峰可到200台，一个月大概3000台，士隐原以为这个促销活动一上，50%的份额会被广田卖场卡给抢去。

  但设想很丰满,现实却骨感,广田卖场卡推了一周,只卖了区区 10 来张,原因何在?原来士隐算了用户算了渠道,千算万算,还是算漏了一环,那就是卖场方。果美卖场每月几大运营商的号卡销量与卖场 3C 部下达给各促销员的任务计划密切相关。一个月卖 3000 张号卡,麦通下 40% 计划,就是 1200 张,迪信、蜗动各 900 张。促销员首先要完成任务计划,不然会被考核,广田卡即使好卖也不会推,除非任务已经完成。

  如何让果美卖场下达广田卡的任务计划?这是士隐要解决的核心问题!

第十七章
进公账还是？

算了一线促销员的账，也算了用户账，恰恰没算果美卖场的账，士隐找到代理商翼通达老总王士利，商讨如何进入卖场。王士利一看就是商人的精明模样，眯眼问道："怎么进？拿钱砸呗！"

士隐问："怎么砸？"王士利分析道："为何3C部的陈晓主任，把我们翼通达引荐给你。其他几家都是运营商直接对卖场，唯独你这边是对我翼通达？对卖场，各项返利都是进卖场公账，对翼通达，呵呵，那就没进果美公账喽，给上面缴多少那都是陈晓自己定。"

士隐一听就明白其中奥义，说道："那陈晓积极性应该更高啊。""那就要看你给我返多少，我才能返给他啊，曾总，别把我算掉了啊"。

"那肯定啦，只要销量冲上去，返利肯定往上冲。这样王总，每一单我们再返你80元，月销达300件，再叠加20元达量奖,你负责搞定陈晓,如何?"

"看在曾总这么有诚意,我再去试试,晚上给您回话。"王士利本来还想再敲一笔,怕把曾士隐吓跑了,先答应下来。

晚上九、十点钟,王士利电话才打过来"曾总啊,告诉你啊,好、好、好消息啊",隔着手机那头,士隐都能听到王士利的酒气熏天,"我把陈晓搞定了,他答应下个月给广田下300件计划,你承诺的返利可得兑现啊。""好的,王总,我明天找公司申请。放心吧。"

第二天,士隐找杜春希汇报,说是攻下了果美卖场,月销300件,杜春希一听大喜;士隐接着说要申请成本返利,杜春希问多少,士隐答150元一件,其中100元返给代理商翼通达及果美卖场,50元返给一线促销员。

杜春希一听,皱了眉头,返利这么高,你这300元卡都是白送,还返150元一件,那一件不是贴450啊?士隐答道:杜总,账不是这样算的,300元卡是包装半年免费打送给用户的,我们没收入但也没亏,只要这批用户半年使用形成习惯就会留下来继续用,我们假设50%用户留存下来继续使用,那就有300×50%等于150元的收入,正好与我们返利相当,开拓市场阶段只要不亏就行。

杜春希现在就是想赶紧突破市场,捞点业绩,便说道:"行吧,就按你说的办,财务那边你去搞定!"

就这样广田在滨海第一大卖场果美卖场滨江店撕开一道口子,任务计划一下,全场促销员都开始推广田卡,很多促销员为了多上号,甚至给一个用户上两张卡,说是"一张工作用,

第十七章 进公账还是？

一张生活用，好事成双嘛！"

用户要说："半年到期怎么办？"促销员就回复"到期觉得好就继续用呗，不好就到营业厅注销，白送的，不用白不用嘛，广田刚上市，赶紧薅羊毛啊！"

很快，广田卡在果美卖场滨海28家店全部铺开，一个月号卡量就突破1万张。

在总办会上，老总朱明松对钟慧和杜春希提出表扬："线下渠道中心成立1个多月时间，就拿下滨海果美卖场，月销突破1万张，在座各部门都要向他们学习，开拓进取，不忘初心！"，他还问道："杜春希，还有什么需要支持和解决的吗？"

杜春希第一次作为部门正职参加总办会，准备良久，立即说道："我们坚决按照朱总要求，在钟总指导下加快渠道中心发展力度及速度，报告朱总，为加大拓展力度，拟申请依滨江东西侧分区，分别成立滨海东区渠道中心与滨海西区渠道中心，争取做深做透市场。"

朱明松，"这个提议不错，请钟总牵头组织人力、市场研究下形成方案上会。"

会后，杜春希得意满满地回到渠道中心，正准备开会布置渠道中心扩建方案，突然收到电话那头一句："你个死鬼"，杜春希刚听电话，连忙按下静音："嗯，我在开会呢。"电话那头娇滴滴的声音传来："开什么会，才帮你坐上渠道中心总监这位置，又给人家找事情做啊，要搞什么东西渠道中心？嫌人家没事做啊？"竟然是人力总监苏菲，杜春希支吾："嗯，啊,嗯"半天就把电话挂了。

　　正是飞鸟尽,良弓藏;狡兔死,走狗烹。渠道中心才开始破局,杜春希就想着要分兵制衡曾士隐了。

第十八章
滨海东西渠道中心

士隐一听要划江而治，成立滨海东区渠道中心与滨海西区渠道中心，一下就明白杜春希的意图了。但几番交手，士隐心态已经比较平和啦，杜春希要怎么弄都随他，多一个部门做事，自己压力也少多了。

全公司开展竞聘，一下吸引近30人报名，经过层层筛选，一个叫龙跃进的年轻人最终脱颖而出，他大学毕业后在广田各部门锻炼工作3年，精力旺盛，冲劲十足，成功竞聘滨海东区渠道中心总监；曾士隐直接被任命为滨海西区渠道中心总监。

然后就是开始招兵买马，扩充队伍。杜春希对新员工招聘要求就两条，一是各分区渠道中心招聘员工要报渠道中心总部进行审批通过后才能签订用工合同；二是新员工颜值要高，男的要帅哥，女的要靓妹，有才艺者优先录取，开出的条件也不低：招募渠道销售经理，底薪5000元，加计件提成，上不封顶，月入20000元不是梦。

招聘广告一出,报名人员蜂拥而至,迪信、蜗动、麦通的渠道人员也有好多人报名。

龙跃进这边重点招了四位美女,号称"四朵金花"。

第一位春玲,身高172厘米,体重90斤,凤眼柳眉,一双嘴唇,堪称经典,上厚下薄,让人望一眼就过目不忘。

第二位夏箫,皮肤粉腻如雪,软语娇音。只须俏目一回眸,那鲜花便绽放万紫千红;只须丹唇稍开启,那黄莺便婉转珠玉佳音。实乃娇娃仙子也!

第三位秋燕,足下蹑丝履,头上玳瑁光,腰若流纨素,耳著明月珰,指如削葱根,口如含珠丹,纤纤作细步,精妙世无双。

第四位冬欣,容色晶莹如玉,如新月生晕,如花树堆雪,环姿艳逸、仪静体闲、柔情绰态,美艳不可方物。

曾士隐这边重点招了四个小伙,号称"四大金刚"。

第一位东皮,擅长营销,口吐莲花,滔滔江水,连绵不绝;第二位西仔,擅长交际,吃喝玩乐,样样精通;第三位南师,擅长写作,长篇汇报,PPT材料一夜完成;第四位北海,擅长情报,混迹多家运营商,一手信息捻手就来。

东西渠道中心一成立就意味着内部内卷竞争真的开始了,所谓有人的地方就有江湖,一入江湖难独处。

第十九章
开厅挑战赛

部门组建、人员招募都已完成,东西渠道中心第一轮 PK 赛在建厅上打响。俗话说,有人有店就有量,厅店的数量决定了公众市场的用户接触面,用户接触量×转化率就是发展量,因此开店数量对于公众渠道市场尤为重要。

龙跃进年纪轻轻、冲劲十足,一到渠道中心就深受杜春希器重,在资源投入上也是大大支持,参照果美卖场进驻模式,快速进行规模复制,发展 1 户的补贴,更是从土隐谈的 150 元,直线飙升,最高达到套餐值的 10 倍有余,即发展 1 个 49 元 194 号卡,返利加补贴最高可达 500 元,一个月放 100 张号卡累计可拿到 50000 元补贴,这一下子撬动了滨海整个通信市场,在高补贴政策下,滨海的 OV 手机专卖店、家电卖场、手机卖场、蜗动、迪信、麦通的代理店纷纷加入,因为进入门槛非常低,缴纳 5000 元保证金就可以配个广田的工号,再有一个柜台,外加一个广田广告背景墙就可以开始办理了,原有业务还不受影响，代理商自然纷纷倒戈。有些蜗动、迪信、麦通的核心代理商由于在原渠道返利甚多，做得好的一年有大几百万，甚至上千万，不方便公开加入广田，就换个"马甲"重新注册个营业执照加入进来。一个月下来，龙跃进带着手下"四朵金花"披荆斩棘、攻城略地，在滨海东区做得风生水起，一下子签了快50家工号。

反观士隐这边，政策没有龙跃进这么猛，杜春希给的还是士隐以前谈的150元/件，这个是广田公司市场部及财务部下文明确的佣金标准，其他的补贴那都是杜春希用营销成本贴的，这个红利暂时没有到士隐这边来，士隐也没找杜春希去申请；士隐本身就是学会计出身，他看的是长远，算的是细账，十几年的通信生涯给他的启示是：公司一定会秋后算账的，短期的补贴一定是走不长久的。

而且高补贴+低门槛的刺激政策对代理商而言没有什么沉没成本，那代理商的忠诚度就会非常低，一旦补贴降低，代理商就像墙头草一样跑了，长期而言没有什么效果，就像堆沙一般，堆不高，散得快。

士隐有种"功成不必在我，但功成必须有我"的情怀，他要做的不是"堆沙"而是"砌墙"，是历经岁月后还能留下一批专门做广田业务的代理商和人员。

因此，士隐对代理商进驻的要求是很高的，要开广田专营厅店。

士隐开广田专营店跟传统通信店面相比有五个特色"一"：

一个选址：发挥广田党建统领优势，要求厅店贴着各社区服务中心开设；配合社区服务中心为用户提供通信服务。

一个系统：开发一个社区通信网格系统，通过这个系统能够清晰看到一个小区里用户的通信使用情况，以及用户是否为广田用户，如果是广田用户，其有几个手机号、宽带及数字电视账号，月消费情况等信息；如果不是广田用户，就是潜在目标用户。而且这个系统会迭代升级，什么云计算、区块链，广田会用最新的技术来打造这个系统。

一个抖音号：早在渠道中心刚成立时，士隐就注册了一个抖音号，叫"开滨海广田店如何年入百万"，定期发布开店赚钱技巧。现在粉丝人数已过万。

一个招商发布会：把滨海西区依托网格系统和社区服务中心划分为50家区块进行招商，每个区块招一家代理商开专营店，覆盖约5万用户，具体年入百万计划如下：

1. 价值提升奖：其中15%为广田用户，做存量价值提升，转化率为50%，可转化0.375万户，每户价值提升返利约30元，年收益约11.25万元。

2. 新增发展奖：其中85%为外网用户，转化率10%，可转化0.425万户，每户新增发展返利约150元，年收益约63.75万元。

3. 终端及配件销售：年销300台终端设备，每台300元毛利，年收益约9万元。

4. 年度达量返利奖：年销售达1000户，达量返5000元；达2000户，达量返2万元；达5000户，返5万元；达1万户，最高返20万元。

一套标准化加盟流程：加盟费20万元，保证金10万元，申请加盟，首轮面试，2天厅店实习，第二轮面试，资格确认及背景调查，为期1个月的岗前开店培训，开店申请并签署意向书，合同签订缴纳加盟保证金，标准化装修。

抖音号推广及发布会宣传，广田专营店招商效果可以说是不好不坏，现场缴纳意向保证金的有10家。

一个月后朱明松率市场、财务总监到线下渠道中心调研。

会上杜春希汇报了渠道拓展情况，滨海东区龙跃进开店50家，滨海西区曾士隐开店3家，有10家意向代理商，要向东区先进单位学习，加快发展！

然后是市场部、财务总监发言，财务总监叶询说道："士隐专门跟我沟通了他的开店模式，同时申请加盟费置换达量奖方案，我跟朱总包括省公司也汇报了，觉得他这个加盟模式有特色，20万元加盟费可列入'营业外收入'，同时省公司可按80%给我们增配营销成本，用这个支付年度达量奖，可不占用额外成本！"

杜春希没想到叶询会倒向士隐，只得尴尬说道："叶总指导的是，我们内部也对士隐开店模式进行了研究，准备加大推广。"

最后朱明松讲话，首先肯定了渠道中心的成绩，说明公司成立渠道中心的必要性与紧迫性。

其次指出目前市场份额不足15%，压力与挑战并存。

最后提要求，渠道中心要作为公司攻坚排头兵，进攻、进攻、再进攻！

第二十章
"无限量"套餐大会战

这天，士隐突然收到通知，是参加广田公司"无限量"套餐大会战部署会的通知。

会议议程首先是市场部发言，然后是钟慧讲话。参会人员是各区县分公司及线下渠道中心班子成员。

首先新任市场部总监马迁介绍承接广田集团下发的"无限量"套餐产品、佣金政策及下达任务指标；"无限量"套餐：月费199元，国内流量无限量+3000分钟国内通话。

最后钟慧进行总结讲话，这是钟慧升任副总组织的首次大型会议，讲话水平还是很高的，只见他清了清嗓子，说道："同志们，刚才市场部对'无限量'套餐的销售政策及销售组织进行了详细讲解与周密部署，讲得很细，我都充分赞成。借此机会，我再和大家交流三方面的内容，对相关工作做进一步的强调。一是'为什么要推无限量？'，现在我们的移动业务在四家的份额占比仅在15%左右，而蜗动公司占据近60%的市场份额,我们是小网,要抢占新增份额,我们就得出招,不出招,永远是老三、老四。而且小网有小网的好处,俗话说'光脚的不怕穿鞋的',我们出招尤其在公开市场,按概率说85%抢的都是外网的用户,而蜗动公司出任何招,首先打的是它的本网用户,因此它的策略肯定是以防守和维系为主。现在麦通承接联通公司的'冰淇淋'套餐、迪信承接电信公司的'不限量'套餐已经在滨海市大张旗鼓地进攻了,我们这个时候如果不快速推进'无限量'业务,我们的市场份额将再次下滑到生命线以下,所以我们必须要推'无限量'套餐。

二是'什么是无限量?','无限量'首先是一个噱头,是抢占外网用户的武器。瞄准的是蜗动、麦通、迪信 ARPU 值在 200 元以上的高价值用户,这批用户有流量需求,而对方的流量资费又比较贵,正好通过'无限量'套餐发展成我们的本网用户。而这批高价值用户又是对手的粮仓,只有针对性发展高价值用户,才能真正撬动整个行业价值的重新分配,形成此消彼长的效果。

三是'如何做无限量'。刚才已经说了,要瞄准对手高端市场,细分客户市场进行精准打击,而不要一开始就把我们自己本网的高端用户洗一遍。在这里再次强调发展重点是外网高端用户,比如网游用户、视频用户,还有最近刚出来的直播用户,这些用户是我们发展重点。"

最后,钟慧总结道:"同志们,千里之行始于足下,说千遍道万遍不如实干一遍。'无限量'是时代赋予我们的新机遇、新挑战,我们要上下同心,克难攻坚,打赢这一场大会战!"

台下响起雷鸣般掌声。

第二十一章
谁用"无限量"套餐？

领了日均 100 张无限量套餐任务回来，士隐马上组织滨海西区销售人员大会，传达销售任务、目标客户群，动员全体人员快速投入销售战役中，并与销售人员沟通，听取一线意见与建议。

营销高手东皮首先说道，"曾总，这个'无限量'是个好东西，可是这个价格不怎么亲民呐，199 元一个月，几个人用得起啊？"士隐回答道："现在有那么多自媒体、直播还有手游人群，用户群很大嘛。"东皮说道，"这些都是年轻人，消费哪有那么高？真正有消费能力的商务人士，哪有那么多时间上网啊，存在产品用户错位嘛。"

"办法总比困难多，销售战役苦不苦，想想长征二万五；销售战役累不累，想想革命老前辈！"每当面对一线反馈解决不了的问题时，士隐总是这句话，要给一线传递信心，不能仗还没开始打，指挥官都没信心。

不过，东皮的话还是不幸一语中的。连续 3 天，各代理商厅店都没有开张，前来咨询的用户倒不少，年轻人居多，但一听说 199 元一个月，都说，"流量几个 G 就够了，再不行，就订个流量包呗。"当时广田大众 194 卡全网用户的平均月流量水平还不到 1 个 G，平均月通信消费不到 60 元，一下子到 199 元包 40 个 G，确实是一次大跨越。

为掌握实际情况，士隐实地来到一家厅店，一进门就看到"无限量套餐震撼上市"的海报宣传，进店人流也有一些，再假装顾客问了一下前台销售人员，销售员积极推荐了"无限量套餐"，有宣传，有主推，销售端没问题，看来问题出在用户侧。进店用户流量需求普遍不高，真正高流量需求的那些网游、电竞、直播人群都在网上购物，不会到店里来，线下接触不到目标用户啊。

正当士隐为销售发愁时，公司的通报又跟上来了。市公司抓销售主要三招，一是下指标，二是明奖惩，三就是通报。现在微信沟通即时又方便，市场部管销售的同志把公司领导、各部门一把手及各销售单元负责人全部组建成一个群，再起个响亮的名字"无限量销售精英攻坚群"，就开始发通报啦，通报有月报、周报、日报，赶上比较重要的营销活动，通报周期就会定在日报。连续几天，士隐的滨海西区渠道中心都"挂零"排在垫底。

微信群上发言也有套路，市场部负责通报的同事一是通报，二是点评：恭喜自有渠道中心 1 部昨日斩获 58 单无限量，完成率 108%，获得销售金牌单元称号，后面再加一个大拇指

第二十一章 谁用"无限量"套餐?

"赞";然后其他人员都会跟着点"赞",钟慧总再来一个"赞",点赞人就更多了。第三就轮到表态啦,获得表扬的单位如自有渠道中心 1 部的同事马上就会跟上一句"感谢各位领导、同事关心与鼓励,自有 1 部将继续努力,加快冲刺,后面再加三个拳头。然后其他作战单元的人员就跟着举拳头,表决心。

每天一通报,各作战单元就做好准备,一是点赞,二是举拳头。尤其领导在上面说句话,"点赞+举拳头"的立马刷屏。像士隐这样排在后面的人,更不敢大意,举拳头不能太早,太早,正好引起注意,不好;太迟,也不行,本来量就排后面,举迟了,说明你不够重视。关系好的同事有时看你忘举拳头了,还会互相提醒一下,这也是一种文化,士隐称之为"运营商通报"文化。

这时,钟慧又在群上发言了:线下渠道中心要加油啊,部门刚组建,要有进攻性,市场空间很大嘛,同步@杜春希。

杜春希马上举拳表态:"收到,钟总,我们一定快速赶上(举拳头三下)"。下面两个片区的龙跃进、曾士隐赶紧跟着举拳头。杜春希在内部群里马上跟了一句:"各位要加油啊,部门都排后面啦,完成不了要考核的。"龙跃进又举起小拳头,士隐也跟着举了。

过了几天,龙跃进所在的滨海东区销量开始涨起来了,士隐这边还是不见好转,每天通报还在继续,士隐每次都如坐针毡。不得已,他向龙跃进打了个电话,"龙总,看你最近无限量起来啦,有什么高招啊?"龙跃进年纪轻轻就当上滨海东区总监，深得杜春希器重，电话那头，跃进答道："曾总，瞧您说的，我哪有什么高招，还不是拼命压的，每天任务完不成就加班，完成任务才能下班。"士隐说，"长期这样也不是办法啊。"跃进答道，"哎，没法子啊，上面任务盯着紧，下面又办不动。"

看来问不出什么实际情况，士隐又派"包打听"北海出去摸排一下，终于问出了实情。原来龙跃进见新用户做不动，就要人在受理系统中把月消费在200元以上的老用户清单提了出来，分配人员直接外呼，"尊敬的客户，您好，广田公司现在新推出一款套餐，流量无限量，只需199元，现在办理还有精美礼品赠送，数量有限，赶紧过来办理吧。"如果用户回答："我现在有广田的号啊，能够直接改套餐吗？"销售人员会统一回答："这是刚推出的最优活动，仅对新号办理，现在换个号很容易的，还有优惠，快来办理吧。"

就这样，通过乾坤大挪移，用户还是那批用户，只是换了一批号码，滨海东区的发展指标一下子上去啦。士隐学的就是会计管理，对这种"偷梁换柱"，增量不增收还耗成本的做法甚是反感，所以没有照此操作。但坚持有效发展，短时间起不来量，也是头疼。杜春希在大会小会上就说："大家看，龙跃进带领的滨海东区一下子把我们部门指标给冲上去啦，别看小龙同志年纪不大，办法倒不少。士隐啊，你资历这久，经验丰富，但也要多向年轻人学习啊。"士隐不好当面说都是洗的老用户，只得点头称道。

第二十二章
打开一扇窗

正当士隐犹豫要不要求助于"老用户网内洗牌"这扇门时,上帝跟他打开了另一扇窗。这天士隐正为业绩发愁时,销售经理东皮找上门来,说找到一个大客户,今天要办10单"无限量",要带曾总去看下。

曾士隐立马同意,跟着东皮去走客户。来到一栋写字楼,直上18楼,门口招牌上刻着"滨海市春秋房地产咨询公司"几个大字,前台还有门禁卡,东皮叫人刷开卡后,领着士隐往里面走。一进去,士隐惊呆了,只见一个约200平方米的大办公室,摆满了电脑,电脑桌前一个个小年轻正在戴着耳麦打电话,"你好,我们这里有商铺,只需20万元,您需要吗?","你好,我们这里地铁小户型,您需要吗?",一个个售楼售铺电话从这个房间里呼出去,原来是卖房子的电销中心。

进了一间办公室,只见一个老板桌后坐着一光头,脖子上拎着一根粗大的金链子。东皮赶紧打个招呼,"李总,给你介绍下,这是我们片区总监曾总,对我们这个项目非常重视,亲自过来拜访。"那个光头连忙起身,把士隐他们引到旁边的鸡翅木大茶台前,招呼坐下,一按开关,出水,烫杯,开始泡起茶来。一边说道:"欢迎曾总,上次小东跟我说你们刚出来一款套餐,还很划算,今天过来先给我办10张试试。"

士隐望了望东皮,东皮介绍道:"是这样的,李总他们是做房地产销售的,下面有200多人团队,这里是他们一个分部。他们专门引进了一套外呼设备,可以不停地呼,差不多一个座席的外呼量一个月有6000分钟左右,我给他们设计了一个套餐组合,即一个无限量套餐+一个194好事成双卡49档+一个迪信99包打卡+一个麦通99包打卡,199套餐有3000分钟通话,194卡打蜗动、广田免费包打,迪信麦通99包打1000分钟,正好加起来有近6000分钟,四张卡插在他们机器设备上一转化就可以满足他们一个座席的呼出量啦。一个组合套餐大概月费450元,以前他们一个座席通信费要800元费用,这里有50个座席,今天李总答应先办10套,试试效果。"

光头李也说道:"是啊,曾总,小东跟我说,你这量大还有优惠,帮我优惠点啦。"士隐见找到了真实目标客户,心里早就乐开了花,表面上还是不动声色,说道:"李总,做房地产的,这大的老板,还在乎这一点通信费?"当老板的个个都算盘打得精,光头李忙说,"我们赚点辛苦费,都是给这一屋子人打工,还有这一个座席近500元,一个月就去了2.5万元,总共200座席,一个月就要10来万元啊。曾总帮我们优惠点,我这一个圈子都是做这行的,到时都可以介绍到您

第二十二章　打开一扇窗

这办。"

这一个199套餐佣金标准为3倍套餐值即600元，专项成本奖励1单有100元，总共大概是700元，士隐不知道东皮如何报价的，就问道："李总这么豪爽，东皮你就给李总报个优惠价呗。"东皮不愧是个销售奇才，想出这样一个组合套餐，同时报价也设了一个梯度，回答道："报告曾总，我跟李总说的是50单以内，一单优惠200元；达到100单，一单优惠300元，达到200单，一单优惠450元。"士隐内部定的一单给销售员有200元奖励，这就有了50元的空间给士隐，士隐一直就在销售岗上摸爬滚打，自然心领神会。接着东皮的话说道，"李总，看您这么诚心跟我们合作，我也报个底价，您看这样，你办200单，每单优惠500元，行不？"光头李一听，一拍大腿，叫道："好，曾总，太感谢啦，你放心，我肯定给你办200张，以后我那些朋友，我都给你介绍过来。"

"好啊，你介绍过来的，我都给你这个底价，同时给你再设个达量，达到1000张，每张再奖励50元。"，士隐开始放长线钓大鱼。光头李说，"曾总，我们一言为定！来来来，尝尝我这上好的铁观音。"

第二十三章
一枝独秀

就这样,随着第一个100单无限量套餐在滨海市房地产销售外呼市场打开后,整个市场都被撬动起来了。曾士隐一开始还不清楚市场容量有多大,直到光头李一个星期就开了1000张无限量套餐,士隐彻底震惊了。

士隐对这个市场进行了一番调查,滨海市从事房地产销售外呼的一般对外都叫×××房地产销售咨询公司,从业家数大概有1000家,从业人员预计有10万人之多。

滨海房产销售界流传着这样一个段子:说是有一个卖别墅的销售员,每年给客户要打约36000个电话,28800个会接,11520个会听他讲,4608个会有兴趣,1843个会出来看,737个会考虑,294个会有意向,117个会洽谈,47个想买,最终成交18个,而这成交18单会让他赚到200万元。这个段子最后翻译过来就是要坚持努力做外呼,每外呼一个号码平均赚到55.55元。

第二十三章 一枝独秀

同时这个行业也在不断升级，销售话务员效率低、人力成本高、数据周转率低等问题一直是各房产商老板头疼的问题。第一次升级是由通过人工打座机外呼改为通过系统直接外呼，通信自动外呼系统首先将客户信息导入系统，再利用系统的自动外呼功能将电话统一拨打出去，并把空号、关机、无人接听的电话自动过滤。当电话接通后，马上转接到坐席人员进行实时通话，极大地降低电销人员的工作强度，提高工作效率，还能有效地避免经常遭拒绝对电销人员情绪带来的负面影响。同时，还能数倍地提升呼叫量，有效地降低人力成本，显著提升电话营销业绩。

第二次升级目前还在尝试，叫人工智能外呼，就是系统直接取代电销外呼人员。它可以跟真人一样给客户主动打电话推销产品，跟客户互动，了解客户购买意向程度，并自动筛选意向客户并分类，不需要按键转人工，甚至可以挽回用户，因为机器人一天24小时都是好心情，声音甜美，不会生气，没有负面的情绪。每天让机器人打多少电话，都可以打，不会有加班费和抱怨声。

广阔的市场容量+低成本的通信套餐组合+销售激励到位，三者结合，曾士隐的销量一下从垫底冲到各片区之首，各种电话纷纷打进来，曾士隐统一回答："运气好，运气好"，其他没有透露更多。在汇报中，曾士隐也只是说道："利用代理商客户资源进行合作，寻找到目标市场，根据目标客户进行针对性销售，有效宣传加奖励穿透，取得一定效果。"

这段时间曾士隐的排名可谓是一枝独秀，一下从长期垫底冲到了遥遥领先。

杜春希还专门要士隐写了一个详细的"无限量"攻坚案例报告发给他。士隐对杜春希没有隐瞒，把房地产的市场空间、目标客户定位及销售套餐组合定价进行了详细梳理及汇报，并专门提到"这个市场才刚起步，还不成熟，需要维持统一价格体系，切忌互相杀价，扰乱市场。"

第二十四章
光头李倒戈

这天,东皮突然向士隐汇报:"曾总,今天去房产李总那边,碰上东区那边的四朵金花'春玲'啦,她还跟我抛了个媚眼,说'东哥哥,不要吃独食啊'。我估计光头李不保,会被她们拿下!"

士隐一惊,假装镇静:"哪这么巧啊,先观察几天吧。"

果然,光头李那边的销量从每天的四五十件快速下降,相反滨海东区的销量直线上升,到西区一天只几件时,士隐坐不住了,带着东皮又跑到光头李的办公室。

光头李见面,脸上有些尴尬的笑容,连忙招呼士隐他们喝茶,东皮开门见山:"李总,你这好像不地道啊,才把你引进门,就把我们甩了?"

光头李一开始还不承认,只说最近市场环境有些不好,销量有所下滑。听完士隐发话了:"李总,我们其实都是滨海广田的,你在哪开号,是你的选择,但这个销售组合是我们给你设计出来的,你改投他部,至少要给我们打个招呼吧,前期给你承诺的达量奖还有十来万还没兑呢。"

光头李这时才改口说道:"曾总,不瞒您说,东皮和您这边对我支持确实很大,但前几天一个美女找到我说,她们是滨海广田东区渠道中心的,政策比你这边更优惠,而且……"

"还什么?"士隐追问,光头李说:"她还说东区是渠道中心的嫡系部队,政策补贴大,还有美女客户经理上门支撑开号……"

士隐眉头深锁问:"补贴多少?""一单最高补贴600元,比你们多100元,还是第二天就结算。"光头李说:"我的奖励也都发给一线啦,只要你们政策跟她们一致,我肯定还是在你们这边开号啊,就是没有美女。"说着望向东皮,东皮面色不悦,却又不好发作。

士隐说:"我一单返700元,条件就一个,只能在我这里开。"东皮一听,叫道:"那我们拿什么钱啊。"士隐说:"你的再说,客户都丢了,还想着赚什么钱啊。"东皮忍了忍,没再说话。旁边光头李一听喜出望外,连说:"还是曾总豪气,我说嘛,那边小娘皮怎么能跟您比呢,您放心,肯定还是在您这边开号。"

这次谈完后,士隐西区这边量又起来啦,不过,没过多久,跃进这边量又压过士隐了。派东皮一打听,回来说:"东区那边一单已经返到800元了,还说她们龙总说啦,西区那边返多少,我们这边加返100元。"

士隐跑到杜春希办公室,杜春希见到士隐,说道:"曾总

第二十四章　光头李倒戈

来啦，稀客啊。"

"杜总，我上次跟您汇报的房产市场专项方案，怎么龙跃进这边也去谈啦，这个客户可是我们先谈下来的。"士隐没有心思寒暄了，开门见山就说了。

"噢，这个事啊，你那个房产市场方案写得不错，我是要跃进他们向你学习，再说这个市场空间很大嘛，你这边人手也不是很足，我是站在整个部门角度考虑，要快速抢占市场。"杜春希说得冠冕堂皇。

"市场一起做没问题，但价格要统一啊，他可以做新客户嘛，我谈下的用户他还不停加价，这不是内耗吗？而且他的补贴达到800元一单，怎么这么高？"

杜春希说道："我要的是快速上量，跃进有冲劲，他说一个月给我完成2000件，还说自己人的奖励全部都拿出来补贴市场，给我申请了100元一件达量，你说我能不支持吗？士隐，你要有这个魄力，过来找我，我一样批啊。现在市场量起不来了，再来找我，是不是晚啦？"

这一下点到士隐的软肋啦，一般没什么事情，士隐很少过来；龙跃进可不同，早请示，晚汇报，中午还帮杜春希送个餐，杜春希连食堂都不去了。

士隐按了下桌子，说："杜总，这样说就不对啦，什么叫现在量起不来了，这个市场要不是我们最先做出来的，跃进那边能够起量吗？"

士隐一激动，猛地起身不小心把杜春希桌子上的茶杯给带倒了，"啪"的一声摔到地上。杜春希火了："士隐，敢摔我杯子?"

　　士隐的气性也上来了,回道:"杯子不长眼,自己掉地上啦。关我何事?"

　　杜春希一听"不长眼",觉得士隐在指桑骂槐,把桌子一拍,怒目一瞪,骂道:"反了,你,曾士隐!"边骂边"啪"的一脚就往士隐身上踹去,别看士隐个儿不高,身手还是敏健的,双手一挡正好把杜春希的脚接住,本想就地一甩,让杜春希来个四脚朝天,又怕摔出毛病。

　　杜春希脚被士隐抱着,也不敢动,就在这里"哎哎哎,你别瞎动啊!"两人保持这个动作僵持了十几秒,这时龙跃进听见动静,赶进来了。

　　一见杜春希高抬腿被士隐抱着,忙叫"曾总,你这是要谋杜总命啊?"士隐见跃进来了,顺势把杜春希的脚往跃进身上一甩,说道:"还是你伺候吧。"说完一扭头夺门而出!

　　跃进赶紧把杜春希的大腿抱着,生怕杜春希摔伤了,杜春希对着士隐背影叫道:"曾士隐,我跟你没完!"

第二十五章
"3·15"晚会曝光

自从上次"抱大腿"事件后,士隐见着杜春希就绕道走,什么请示、签批啊,都让下面人去找他,杜春希也没再提及此事。

世上没有不透风的墙,很快房地产市场被各大片区盯上,士隐建立的市场价格体系一下子被冲垮了。各片区为抢占客户,开始拼资源、拼价格、拼成本,一开始定的阶梯达量奖励模式,在巨大的任务压力和通报考核面前不堪一击。

无序竞争加上大量人力、成本投入带来整个市场外呼量的快速膨胀,并从房地产行业向金融、投资、贷款、教育等行业快速演进,滨海市民经常收到194号段的电话外呼。广田194号段已经从高端商务人士的身份标识变成人人喊打的骚扰电话标识。

这天,东皮给曾士隐打电话说,"曾总,今天遇到一位客户,是一个朋友介绍过来的,像是北方人,说是准备到我们这边投资开个大的电话销售中心，找我聊了半天，预计要开上千张卡。"曾士隐一听，又兴奋起来，叫道，"好，马上跟他约下，我跟你一起去。"东皮和对方约好下午3点见面。

正当曾士隐要出发时，杜春希的电话进来了，"士隐，下午钟慧总要到我们这里调研"无限量"套餐发展情况，你过来参会。"士隐忙说："杜总，我这边约了个客户要谈呢。"杜春希不耐烦道："改个时间不会啊，钟总这边都定好了，好了，赶快过来。"曾士隐还想争取，电话那头已经挂了。

曾士隐没办法，跟东皮交待了谈判策略与底价，立刻赶到杜春希这边。下午会，钟慧带着市场部的人过来，杜春希带着士隐、跃进参会，会上市场部通报了近期线下渠道中心"无限量"套餐的发展数据，东西片区汇报了发展情况，龙跃进抢着说发现了"无限量"套餐的一个蓝海市场——外呼市场，市场空间巨大，只要公司政策支持，销量完成肯定翻番。轮到曾士隐汇报了，士隐说道："这个市场是有，但目前价格比较混乱，需要统一，维持相对稳定的价格体系。"杜春希说道："有竞争才有压力跟动力嘛，有竞争才有创新嘛。"最后钟慧作指示："加快发展无限量，勇当冲刺排头兵。"

开完会，曾士隐给东皮去了电话，东皮说："曾总，已经谈完啦，把我们的政策详细地介绍了一番，对方说要回北京总部去汇报，就走了。"曾士隐隐隐觉得有些不对劲，对东皮说，这个项目先跟着吧。

后来曾士隐才知道，幸亏杜春希找他开会没去谈这个客户，这个是央视派来钓鱼执法的，都带着微型摄像头全程暗

第二十五章 "3·15"晚会曝光

拍,他要是去了,可就上央视了。不是春晚,是"3·15"晚会。

原来随着滨海电销电话泛滥,全国各地都收到来自滨海的电销电话,引起了央视的关注。"3·15"晚会节目组派出了十多个记者到滨海去暗访,派出前还给每位记者上了5万元的人身意外伤害险,这些暗访记者在行动时,都是与领导单线联系,而且使用的都是代号和暗语,即使是同事,也不知道谁是谁,不知道暗访的是什么内容。

央视"3·15"晚会上揭露骚扰电话已成社会公害,来自360互联网中心发布的《网络诈骗报告》显示,骚扰电话已经严重泛滥,一年360手机卫士共拦截骚扰电话高达165.9亿次。

"3·15"晚会上曝光了银获财富呼叫中心、凯乾呼叫中心等多个呼叫中心,话务员的骚扰电话拨向各地用户,最多的每天可以打15000个电话。

这种每天成千上万的骚扰电话让用户苦不堪言,呼叫中心还和用户玩起攻防战,有的还可以随心所欲地任意显示号码,甚至可以显示110、95588等。而之所以呼叫中心有这么强大的技术,是一些公司在背后专门提供技术支持。

金伦科技就为呼叫中心专门研发了一套系统,既能批量外呼,还能语音自动群呼,还准备了大量电话号码,以应对用户的屏蔽。为了让骚扰电话更加具有迷惑性、增加识别难度,金伦科技帮助呼叫中心随意显示主叫号码,在这一行业被称作"透传"。

百日百万

在这次晚会上,运营商有许多地市的骚扰电话号码被央视曝光,其中就有几个是归属滨海广田的电话号码,滨海当地的新闻媒体也开始跟进,采访电话打到了广田各大领导的手机上。杜春希连夜通知曾士隐外呼市场暂停发展,已发展用户马上进行整改。

其实骚扰电话背后涉及收集用户个人信息、网络拨打骚扰电话、提供拨打骚扰电话的网络群拨、改号软件技术支持等多个环节,已经形成一条完善的黑色产业链,需要公安、工商、工信部、银监会等主管部门,形成合力进行整治。运营商及通信企业要把好号码入网入口关,但在一线实际办理过程中,通信企业会遇到诸多难题。首先,作为企业,定位是服务客户,不是执法机构,没有执法权;其次,用户要入网开号,你说他是打骚扰电话的,不给用户入网,用户还可以投诉你,一直投诉到你帮他入网为止;最后,是技术手段,要接入公安部的系统进行人证识别,需要设备购置等。

第二十六章
断卡行动

央视曝光后，滨海广田上下开始整改，好在号码入网环节遵循实名制规则，内部给线下渠道中心下了通报，也没深究下去。

这时远在广东的一个小村镇里，一间酒店房间里聚集着几十个小孩，他们有的在用手机发短信，有的在QQ群聊天，还有的在对外拨打电话，统一主题都是"尊敬用户您好，这里是×××网站客服中心，恭喜您中奖，奖品是我们价值4999元的手提电脑一台，请您提供地址，我们会将奖品快递送达，同时根据国家相关规定，请缴纳增值税款499元到指定账户×××。"

这里是全国十大"诈骗村"电白村，在公安部都是出了名的。诈骗分子发展到利用未成年人诈骗，逃避司法打击。

酒店门口有个水鸟驿站，诈骗分子每隔一周在这里取包裹，来自全国的电话卡、银行卡通过各种渠道寄到这里。

这边翼通达老总王士利又找到士隐，说他现在在龙跃进那边发展号卡，做得量很大，要不要给他在滨海西区也下个工号，也帮士隐冲下业绩。

士隐说："号卡质量如何？不会出问题吧？"。王士利说："我们这么多年关系，怎么会害你呢，再说现在都是实名制，能出什么问题？"。现在正是"大战一百天"拉开序幕，也需要冲量，士隐心里虽隐隐不安，还是答应了。同时士隐交待"包打听"北海，对王士利的厅店重点留意，有异常立即报告。

又过了一周，公司又紧急召开会议，传达"断卡行动"及打击治理电信网络诈骗工作要求。

说起"电信网络诈骗"，对电信最冤，实际跟电信公司一点关系都没有，电信公司还到处在宣传打击"电信诈骗"。电信集团也多次上书国家相关部门，不要叫"电信网络诈骗"，要叫"通信网络诈骗"，是指整个通信行业里的涉事企业，而不是专指"电信"，但始终没改过来，防范"电信诈骗"已经成为一个约定俗成的俗语。

会上通报了公安部发布的涉案涉诈号码通报情况，滨海广田的号码排在前列，朱明松做了重要讲话："'打击治理电信网络诈骗，开展断卡行动'，这是国家部署，作为国企要坚决执行，大家要站在讲政治的高度坚决贯彻执行，要快速将涉案涉诈号码降下来，每百万户不超过5件。"

什么叫"涉案涉诈"号码，就是你这个渠道发展的号码，被诈骗分子用来诈骗，然后被用户举报到全国反诈平台

第二十六章 断卡行动

12321，这个号码就"涉案涉诈"了，不管你是哪一年放的号，只要你这个厅店还在，就会定责到你这个厅店，包括你这个厅的渠道部门、分公司、省公司直至集团公司，层层追责。

1个"涉案涉诈"号码考核涉事厅店1000元，当然你也可以申诉，怎么申诉？一要把这个你放号的用户找到；二要叫到厅店里来，现场签署涉诈风险告知书，进行拍照；三要证明你是现在找到的，还要找张报纸进行合并拍照，证明签署时间。

这个申诉有两种情况，一是这个用户是在诈骗，那么这个号码会被停机，用户也找不到；二是这个用户被冤枉了，但一听申诉如此复杂，一般也不愿意过来，所以营业厅只能认罚。

会后，北海来报，近期王士利店门口，经常有人开着面包车，带一帮人来上号，全部上最低的39元好事成双卡，一个人还要上5张卡。

士隐一听吓了一跳，连忙要北海提取王士利厅店近期发展号码清单，上报公司紧急处理。公司计费紧急调取号码漫游地情况，凡是涉及公安部通报的高风险地区，包括电白村的号码，全部进行紧急停机处理。

幸亏封堵及时，集团通报的第二批号码下来，在电白村的涉案号码高达100件，好在没有士隐发展的，躲过一劫。

紧接着公司防范涉案涉诈号码规定逐渐升级，首先是提高开号预存款，一开始100元，然后200元、300元，再到500元。

开号环节也增多了，要像中医一样"望闻问切"，首先问开号用途,"你开号做什么用啊?""你为什么开几张号啊?""你住在哪里啊?"其次查开号记录,这个身份证号以前办过几张号,经常开号又销号的,要重点防范。最后要告知号码仅限本人使用,不得转借他人,情节严重会触及法律,还要签字画押。

这还不能压下来,就上最后一招,上报审批,3~5个工作日进行审批,反正遇到高危分子就是"拖",既不能开号,也不能引起用户投诉,态度还要好,销售经理纷纷跟士隐反映,再这样下去,厅店都快疯了,开个号每天像警察一样盯用户。

士隐也没办法,这个考核从上到下,"一票否决",好几个地市的老总都因为处理不及时被考核,有一个直接下课。

第二十七章
小薇求救

"断卡行动"还在继续，管控手段持续升级，因为每百万户不超过5张的指标仍未降下来。这段时间，广田的客户投诉量也不断飙升，因为后台监控的技术手段上去了，只要你的号码呼叫在单位时间内超过一定阈值就会被封停，也影响到了一些打电话时间长的普通用户。但在"宁可错杀一千，不可放过一个"的导向下，投诉达到峰值也不能改变"号卡严控涉案涉诈"的大背景。

一大清早，士隐突然收到一个微信电话，竟然是小时候校花——广田人力部平小薇打来的，电话那头，小薇叫道："士隐啊，紧急求救啊，我现在在海南儋州，电话突然被停机啦，只能上网用流量，帮我复机啊。"

士隐一惊"你怎么跑海南儋州啊，那里是诈骗严管村啊，你做什么坏事被停机啦？"

"做你个头啊，我到这边来散心，早上就跟这边的一个旅行社的客服电话多打了十几个电话,就被停了?打10020广田客服,非要我本人到营业厅去重新实名认证?关键我在外地啊!"小薇答道。

"现在是断卡行动严管期,疑似号码都要从严处理,你真没做什么骚扰诈骗的事情吧?"

"你有毛病吧,帮不帮我办,不办,我找别人!"

"好好,别急嘛,我问下如何处理,给你回复啊。"

"你快点啊,这边没手机什么都干不了,烦死了。"

士隐急忙联系了相关人员,针对越级投诉及重要客户,公司还有一套紧急复机流程,在内部OA进行审批流转。需要提供机主身份证、SIM卡卡板原件照片及卡号还有担保函等。

士隐找小薇收集齐这些信息,连忙叫人发起OA申请,终于在上午10点把电话复机了。小薇电话第一时间进来:"士隐,你太棒了,电话通了,等我从海南回来,请你吃饭,还有重要事项通报哟。"

又过了一周,小薇回来,约士隐晚上吃饭,并发了一个地址:滨海临江5号饭店。士隐以前都没去过,顺着导航导到江边一栋5层洋房,正门口没字,侧边写着不起眼的"临江5号饭店",士隐进入,一服务生拦住,被询问是否是会员,士隐说不是,对方答道:"我们仅对会员开放,还要预约。"士隐报了平小薇的名字,服务生这才松口答道:"平女士已在二楼七月厅,请这边走。",另外一个女服务生领着士隐进入七月厅。

七月厅里小薇正坐在靠窗的位置喝茶,欣赏着江景,看见

第二十七章 小薇求救

士隐来了,赶紧招呼坐下,要服务生上菜单。

士隐问:"这是哪里啊?位置这么神秘?"小薇一脸怪笑答道:"5号饭店,江边违建房,滨海顶级富豪俱乐部,入会费要100万,不对外营业的。"

士隐一听吓一跳,本想抢着点菜买单的,一看菜谱,鳄鱼尾炖汤、清酒冻半头鲍、野生大鳟鱼,标价都上万,哇塞,一个菜比士隐一个月工资还多。

"你中彩票啦,小薇,点这高级菜?"

"我是中彩票啦,家里给我找了个对象,我马上要结婚啦。"小薇答道,笑容里却有一丝苦楚。

"啊,你要结婚啦?"士隐有些哀伤,有点酸溜溜地问道:"老公哪个富豪啊?""你认识的,还是滨海广田代言人。"小薇说。

"滨海首富杨志?不会吧,他比你大一轮吧。你们家什么背景啊,太牛啦。"士隐有点语无伦次。

"所以我才一个人跑到海南去散心啊,他比我正好大12岁,也是属羊,是个"老山羊"。士隐,我好烦啦,不想嫁给一个不怎么熟还比我大12岁的人。可家里请帖都已经发出去啦,都是滨海有头有脸的人物,你说怎么办啊?"小薇问道。

"这个,这个问题好突然啊?"士隐不知所措。

"不过,我在海南找人算了一卦,说我会遇到两个真命天子,目前算一个,还有一个就是3年后。"小薇又说。

"那我3年后再来看你吧!"士隐脱口而出,说完又觉得自己很唐突。其实,就像张爱玲的小说,每一个男子全都有过这样的两个女人，一个白玫瑰，一个红玫瑰；娶了红玫瑰，久而久之，红的变了墙上的一抹蚊子血，白的还是"床前明月光"；娶了白玫瑰，白的便是衣服上的一粒饭粘子，红的却是心口上的一颗朱砂痣。士隐和平小薇虽交往不多，却已把她当成了心里的白玫瑰。

"过来看我，不是过来娶我啊？"小薇竟然没有责怪士隐的唐突，反而调侃道。士隐莫名兴奋起来，走到小薇身旁坐下，小薇突然歪着头倒在士隐肩上。

"士隐，今晚，我不想回去啦，你能留下来陪我吗？"

"哦，好的，小薇，我陪你。"

"那我们坐在江边看完日落，就回楼上客房去吧，我一个人睡不着。"小薇蚊子音喃喃道。

"好，我陪你"，士隐忍不住抱住了小薇。

……

这一夜，士隐陪着小薇坐在床边背靠着背，讲了许多话：

士隐问小薇梦想是什么？

小薇答："择一人，执子之手，与子偕老"。

"你呢，士隐？"

"我有十大梦想，在四十岁以前：

一是赚个一百万；

二是有两套房，一套住，一套租；

三是有两辆车，一辆上班，一辆下班；

四是找一个美女老婆；

五是生个胖小子；

第二十七章　小薇求救

六是环游半个中国；

七是写本书；

八是做件坏事；

九是……"

"什么做件坏事？"小薇打断了士隐的话，"想做什么坏事啊？"小薇突然转过身来，妩媚望向士隐，身上的内衣带滑落了左肩，一团小白兔扑面而来，士隐鼻血差点冒出来，抱着小薇滚烫面颊就想吻下去……

但最终还是忍住啦。

不知士隐是想学柳下惠坐怀不乱，还是不敢得罪首富杨志，这一夜，士隐面对小薇的无助与多情，还是守住了最后的底线，什么也没做。

百日百万

第二十八章
领导也是人

士隐一夜未眠,美人香陪,第二天无精打采赶去上班,接到杜春希电话,说是晚上要接朱总一行吃饭。

晚上也是在江边的一家酒店"望月楼",杜春希带着龙跃进、曾士隐还有跃进手下"四朵金花"迎请公司领导朱总、钟总还有市场总监马迁、财务总监叶询、人力总监苏菲。

朱总、钟总坐两首位后,杜春希提出其他人要"花座",即男女要错开坐,把"四朵金花"穿插在各领导周围,把跃进排在苏菲旁边,士隐被安排在靠门的位置。

入座完毕,杜春希发话"刚干完国庆促销大战,朱总、钟总说大家辛苦啦,让我组了局,给大家放松下,也感谢各位领导对我们线下渠道中心一直以来的关心支持。来,我们一起举杯敬一下朱总、钟总。"

很少有机会跟公司一把手吃饭聚餐,龙跃进很激动,一杯酒二两多,"杜总,我先做个代表,第一杯先干为敬,感谢朱

第二十八章　领导也是人

总、钟总还有各位领导的支持。"说完一口就干了,"好好好,年轻人有冲劲",杜春希说道。

这时,朱明松发话了,"很少有机会带大家跟你们年轻人聚聚,公司也有'八项规定',钟总,我看我们先照规矩把这个聚餐的份子钱给交啦,不能被杜总说我们吃白食啊,呵呵"。

钟慧接话,"好的,杜总,你看我们交多少啊。"

杜春希答,"朱总,每位领导就交50元吧,意思意思。"

朱明松说,"50太低了吧,每人至少100吧,大家统一微信打款至杜春希。"

打款完毕,朱明松笑着说道,"我们都是交了钱的啊,可以吃菜了啊。"说完大家跟着朱总开始动起筷子来。

第一口菜刚吃进肚,跃进又站起来,开始敬酒了,"杜总,我先敬您!"杜春希说道:"傻小子,我们平时机会多得是,先敬朱总、钟总啊。""哦,朱总,按我们杜总指示,滨海东区小龙给您敬酒啦。"

朱明松端起杯子,笑着说:"坐下喝,坐下喝,今天大家都随意,主要放松放松。"这时,跃进又站起来啦,说道:"朱总,给各位领导介绍下我们东区战队的四大销售精英,春玲、夏箫、秋燕、冬欣。"说着四位美女也一起起身,跃进说:"我们东区战队一起敬朱总。"

"好",朱明松又举起杯,喝了第二口,"你们东区销售都是美女啊,不错不错!"

杜春希说道:"美女经济嘛,美女亲和力强,拉动销售。"

"有个经济学理论叫裙短理论,说是裙子越短,经济越好。"士隐接了句话。

"噢?"朱明松望向士隐"曾大学士,又有什么新理论啊?"

说起经济学理论,士隐可是学了几年,连忙说道:"报告朱总,这是在大萧条时期,美国经济学家乔治·泰勒提出的一项理论,在经济繁荣时,女性裙子的长度就会缩短、迷你裙大放异彩,而在经济萧条时,女性则会穿起拖地的长裙,相对保守。一言以蔽之也就是裙子越短,经济越好。"

大家都去看几位美女的裙子,这时冬欣站起来,说道:"朱总,各位领导,正如曾总监所说,我今天穿的超短裙,代表着我们渠道中心的销量越来越旺。我敬您一杯。"

"好,说得好,不愧是美女销售精英。"朱明松喝了第三口。

然后就是杜春希、龙跃进及士隐,还有四大美女轮番给朱总、钟总及各部门领导敬酒。士隐酒量差,只能跟着杜春希、跃进后面顺着敬,跃进就不一样,跟着敬完以后,又拎着酒壶,单独又敬了一圈。还有那"四朵金花"更是了得,时而组团敬,时而成双敬,时而单挑,各种花样把桌上的各位领导喝得红光满面,热闹非凡,十几个人喝了快七八瓶。

朱明松说道:"春希啊,你这手下个个都骁勇善战啊,不错不错。"杜春希答道:"都是朱总、钟总平时指导有方。"

"你这下面滨海东区、西区两个中心,哪个更厉害些啊?"朱明松问道。

第二十八章 领导也是人

"东区跃进冲劲十足,西区士隐比较沉稳,各有千秋吧,朱总。"杜春希答道。

朱明松对士隐说道:"士隐,你要向跃进学习啊,看他,拿着酒壶就往前冲,酒量代表销量啊。"

士隐答道:"收到,朱总,我敬您,感谢您对我的关心和培养。再赋诗一首,给各位领导助兴。"

"好,"众人叫好,焦点都一下聚焦到士隐身上,看他如何作诗。

只见士隐举起酒杯,吟道:

"四朵美女四朵花,

滨海东西齐争霸。

借问酒量谁最大?

跃进一人顶呱呱!"

在场的各位被这一首打油诗逗笑了,酒桌气氛更活跃了。

"来,跃进,我们一起敬朱总、钟总,还有各位领导!"跃进受士隐夸奖,也是不亦乐乎,急忙起身,一起给各位领导敬酒,又将酒宴推向一个新高潮。

百日百万

第二十九章
酒后逃逸出新招

那晚一直喝到10点,朱明松等人先离开了,杜春希安排人把朱总等人送走,又单独带上钟总、龙跃进去"帝豪玉足城"洗脚。给龙跃进点了个388"泰式玉足套餐",又给钟总和自己点了个888"至尊玉足套餐"。

凌晨12点左右,三人洗完,跃进开车送钟总,杜春希自己开车随后,两辆车一前一后驶向滨海大道,准备再去吃个宵夜。

刚上滨海大道,拐角处,道路突然变窄,警车灯无声闪烁,跃进的车首先被拦下,交警大队突击查酒驾,跃进顿时傻了眼,交警敬个礼,示意跃进把车窗摇下,然后伸进一个测试仪,要跃进吹,跃进急中生智,来了波"神操作",自己下了车,打开后备箱,把一瓶刚刚还没喝完的茅台飞天打开,当着警察面,咕咚咕咚喝了几口,喝完对着交警说道:"我才喝啊,交警同志。"

第二十九章　酒后逃逸出新招

这个交警估计是第一次遇到这个骚包操作，立马发火，对着讲机呼叫一番，瞬间来了几个警察，把跃进手一扭，说道："到局里去"。跃进一边挣脱，一边叫嚣，"我才喝啊，没酒驾啊，钟总钟总"。

钟慧坐在车上，也被惊醒啦，公司纪委一向很严，对酒驾醉驾是一票否决，钟慧不敢下车，望着跃进被带走，赶紧打电话找关系。

后面的杜春希反应非常快，一看前车被拦，就知道遇到查酒驾了。手刹一拉，推开车门就跑，往旁边的隔离带逃去。

交警查酒驾是有套路的，旁边其实都埋伏有人，专门抓临场逃逸的，杜春希没跑几步，就被一双大手按倒，他一扭头，见是经常一起打牌的滨海中队王队，刚喊了一句"王……"这时王队也认出了杜春希，但现在查酒驾上下执法都很严，不敢随便放，王队也是老江湖，没等杜春希叫出声，啪的一巴掌反手扇在杜春希左脸颊上，骂道："奶奶的，你这混小子，没喝酒你在这里乱跑什么，赶快滚。"

杜春希挨了一巴掌，知道王队在救他，连忙捂着脸往外跑，边跑边安排人过来把他的车开走。

这边交警把跃进带至医院进行抽血检测。经检测，跃进血液中酒精含量为120mg/100ml，系醉酒驾驶机动车。

跃进一直争辩说："才喝的酒，没开车。"醉驾要由交警移交检察院，提起公诉。不过流程很长，还要等法院宣判。这下出大事了！

涉及广田副总及部门总监，钟慧、杜春希两个老江湖忙上忙下，各显神通。第二天就给跃进先办了取保候审，缴纳10000元保证金，由派出所指定办理GPS手机号，并保持随打随接状态。总算先把人给捞出来了。

按照广田公司规定，员工涉及酒驾醉驾，违反国家法规，一律开除。但只要检察院不下达起诉书，法院不下达判决书，就都留有操作空间。

最后龙跃进花了几十万元疏通，判决书一直就没下到广田公司。公司内部也仅是下了一个通报，免去龙跃进滨海东区总监职务，但人还是被保住了，没被开除。对杜春希也进行通报批评。

第三十章
拼夕夕大单

龙跃进这番逃过一劫,背后还有一个老油条,那就是王士利。王士利帮龙跃进疏通关系出来,龙跃进对王士利这边更加依仗,王士利的店也帮跃进冲量完成业绩。

但士隐这边对王士利的店卡得很死,一是上次"断卡行动"险些涉案通报,二是士隐觉得王士利这人又势利又胆大,早晚要出事。

不过龙跃进那边全力挺他,杜春希也把他的滨海大道店打造成渠道中心旗舰店,省市公司包括集团公司领导过来视察,滨海大道店都是必看的。王士利也很会经营,厅店门头上印上"滨海广田指定核心代理商"招牌,在滨海大道店的中心位置布置一面宣传墙,把各级领导过来视察的照片都打印出来裱好装在墙上。

这天,王士利又找到士隐,说要单独再注册家公司在滨海西区加快投入发展,士隐先说不需要,王士利又搬出与渠道中心签的整体战略合作协议，上面政策、资源投入都已经谈好了，还有杜春希的签字。

没办法，士隐只能跟他走开厅流程，申请工号，新公司叫通达翼，厅店叫滨海西区平江店。士隐问他为何要换家公司，王士利说是要避税，士隐也就没追问。

工号一下来，号卡量就开始激增，询问原因，说是谈了一个电商项目，类似某宝开店一样，叫拼夕夕，在上面开店有百亿大补贴。现在有上百万家商家在上面开店，每个店客服号都需要手机注册，乍一看还确实是一个新增市场。

但实际上这里面有不少猫腻，还跟资金洗白有关联。上面有些商家跟"跑分平台"相结合，以售后退款名义，将大批不明来路资金转向"跑分平台"上招募的用户，在其银行卡上过一道，最高可抽取千分之五的手续费。一天一个户头过上千元，一个月就是近5万元的流水，一个人绑7个卡，就是35万元，流水可以抽成1750元。于是吸引大批用户注册商家，注册用户。

过了几个月，士隐突然接到杜春希电话，说是集团下来一个公安部涉案协查通报，可能涉及王士利在西区开的店，性质比较严重，要士隐做好准备。

原来，公安部组织多地持续开展"断卡行动"，近期打掉一个"跑分"团伙，现场缴获电脑56台、"猫池"56组、电话卡1450张以及手机60余部。

其中电话卡有5张都是滨海西区平江店开出来的，公司正在追责。

第三十章 拼夕夕大单

曾士隐急忙跑到杜春希办公室理论,说:"当初就说王士利的店有问题,现在下考核了吧,这个锅我不背啊。"

杜春希说道:"什么背不背锅啊,你这是一个共产党员说的话吗?公司党课上宣讲的国企党员干部最重要三条是什么忘了吗?是忠诚、干净、担当!要有担当精神,不要遇到事情就往后躲。王士利店跟你冲量时,你没说他有问题,现在出问题就说有问题。"

士隐还想理论,杜春希已经不耐烦了,打断他的话说道:"本来你是要免职的,好在我跟你申请保下来了,不过要考核3个月绩效;扣的这些钱,我会想办法年底补给你。还有王士利那个店要被通报注销,还要考核10万元,你要他再换个'马甲'吧。"

百日百万

第三十一章
不换号也能转网

号码携带,就是一家电信运营商的用户,无需改变自己的手机号码,就能转而成为另一家电信运营商的用户,并享受其提供的各种服务。

2010年11月22日,工信部在天津、海南启动第一批转网试点。

2014年9月20日,第二批转网试点在江西、湖北、云南落地。

2019年11月30日,全国范围内正式提供不换号转网服务。

这个政策落到滨海,各大运营商又开始躁动了,谁都希望借这个政策把其他运营商的用户都转到自己网里来,谁也不希望自己用户转出去,于是各自出奇招。

首先是蜗动,规定可以办理转出业务的营业厅都设在很偏的地方,每个区域只设一个店,还限定营业时间早上10点才

第三十一章　不换号也能转网

开始营业，下午 3 点就关门，每天营业厅门口都排满了用户，后来就限号，一天限发 100 张，没号的不能办理。

再看迪信，也不甘示弱，一是所有营业厅都可以办理转入业务，转出业务要打审批，3~5 个工作日出结果，有协议用户还不能转，要取消协议。

还有麦通更绝，在系统上给所有用户都送一个免费手机秘书定价，协议期至 2035 年，协议没到期，一个都不能转。

广田属于新入门，不急不躁，没什么动静。

不过滨海通信管理部门急了，又是通报，又是约谈，又是考核，紧急下发《转网九不准》规范：

（一）不准无正当理由拒绝、阻止、拖延向用户提供转网服务；

（二）用户提出转网申请后，不准干扰用户自由选择；

（三）不准擅自扩大在网期限协议范围，将不在网期限限制的协议有效期和营销活动期默认为在网约定期限，限制用户转网；

（四）不准采取拦截、限制等技术手段影响转网用户的通信服务质量；

（五）不准在转网服务以及相关资费方案的宣传中进行比较宣传，提及其他电信业务经营者名称（包括简称、标识）和资费方案名称等；不准编造、传播转网虚假信息或者误导性信息，隐瞒或淡化限制条件、夸大优惠事项或转网影响、欺骗误导用户，诋毁其他电信业务经营者；

（六）不准为转网用户设置专项资费方案和营销方案；

（七）不准利用恶意代客办理转网、恶意代客申诉等各种方式，妨碍、破坏其他电信业务经营者转网服务正常运行；

（八）用户退网后不准继续占用该携入号码；

（九）其他违规行为。

出现违规行为，直接考核各企业一把手。"九不准"禁令一发，各运营商开始收敛了，至少明面上都不敢有违规行为，但私底下动作还是不少。

尤其是蜗动，盯上了广田第一批发展的194号段高端用户，总共近20万，全部都是月销299的顶级高端用户。

策略很简单，一是定点打击：选取几家代理商按号段外呼，一天能呼上千单；二是资费减半，凡是194号段转网用户，299直接减免成199，连续减免24个月；三是高额返佣，转网一户，代理商最高能赚1000元。

士隐很早就收到厅店反映蜗动的"转网行动"，还有很多厅店都转向去开蜗动的代理厅店，士隐收集情况后向杜春希和市场部进行了报告。结果反馈就是一句话"收集证据，要确凿证据。"因为广田向管理部门反馈时，对方也是要提供证据。

一个月过后，系统数据显示广田194高端用户流失近1000户，朱明松大怒，责令钟慧限期扭转，层层传递，球又踢到士隐头上，要他收集铁证。

但是蜗动在公开市场没有做任何宣传，只在几个点进行定向外呼，光凭电话录音，很难做实是蜗动干的。

士隐也是要求全员加快收集证据，这天"包打听"北海又来报，说是有家厅店向他反映有蜗动代理商找上门来要策反他去做蜗动业务，只要提供194用户清单就行，一户返他500元。士隐一听大喜，忙问录像没，北海说没有，不过对方留了个QQ号，说是想通过QQ联系。

"快，上QQ，就说，手上有大批广田194号码清单，还有详细消费情况，约他见面详谈。"士隐忙说。

很快，对方回复，约在滨海星巴克喝咖啡，士隐带上北海，整好设备，立马出发。

接头暗号是左上衣口袋放个墨镜，对方称"马哥"。士隐要北海主谈，他拿个包做掩护在旁摄像。

两人走进星巴克，环视一圈，见靠玻璃一桌有人望向他们，左上衣口袋正好有个墨镜，北海带着士隐走过去，叫道："马哥？"

对方示意他俩坐下，问："是194合作吗？"北海忙说是的，他是厅店老板，后面士隐是他合伙人，店员今天跟他说你到店谈合作，就过来了。

马哥说："这是个大买卖，不过要小心，不能被广田人发现了。蜗动这边也不让我们大规模做，就几个核心商有权限做，但是光靠号段呼得成功率不高，所以找你们广田代理店，看能不能拿到用户资料。"

士隐边听边兴奋、紧张又气愤，第一次做间谍，手心直冒汗，拿包的左手直抖。

北海经验丰富，按了按士隐，说道："马哥，你这说的一单500元是不是真的啊，不是拿我们兄弟穷开心啊。"

马哥听这话急了,也没注意士隐异常,说道:"这还有假,这是蜗动发的政策文件,针对广田194用户转网用户专享,299变199,一户整体返1000,我给你们500,对半分不吃亏啊。"边说边给士隐他们看蜗动内部文件截图。

"好,"士隐大叫,也给马哥看下我们从系统提出来的194用户清单,北海把准备好的194清单打印了一份给马哥看,马哥想收走,士隐按住,说道:"马哥,出来做,得讲个规矩,空口对白牙可不行,我们要签个协议吧,到时候亲兄弟好算账啊。"

马哥说:"好说,好说,这样,我回去拟个协议,明天我们过来签。"

"好,一言为定,来,预祝合作成功,干咖啡!"三人一起干起了卡布奇诺。

第三十二章
以牙还牙

取完证，士隐洋洋洒洒写了一个近万字的《蜗动违规营销的专题报告》报给公司，广田公司立即上报给滨海通信管理机构。

本以为蜗动会收到管理机构惩戒，就此收手，但广田还是低估了蜗动在滨海通信市场的影响力以及各项势力。

等了两个星期，管理机构回复：根据报告材料，交蜗动公司核查，报告中涉及的马哥，非蜗动公司代理商，属于虚假营销，涉嫌欺诈，蜗动已向公安机关报案，公安机关正在侦查办理中。

北海又向士隐报告，说他的车停在小区里被人砸了；士隐的手机号莫名其妙被人用上"呼死你"，每天不定时地一分钟内收到几十个世界各地打进来的电话，几百条短信发进来，手机根本打不出电话，电量一下子就被耗完，只能关机。

每天广田的194号段的高端用户还是在被蜗动策反转网，

钟慧再次组织各部门商讨对策,士隐被点名要求参会。

会上市场部总监马迁、渠道中心杜春希纷纷说:"蜗动的策反政策太厉害了,通信管理机构又放任不管,转网态势很难扭转。"

但朱明松一直盯着钟慧要逆转,钟慧最后要曾士隐发表意见。

士隐把最近的一些思考对策梳理了一下,做了汇报:

一是要堵,堵住本网194高端用户的转网,现在转网的第一个步骤就是用户编辑短信"SQXZ#姓名#证件号码"发送至广田客服号10020,收取"授权码",凭授权码到对方营业厅办理转网。

所以针对收取"授权码"的194用户,我们追发一条维系短信"尊敬用户,凭此授权码可直接享受2400元话费优惠,分24个月赠送,每月赠送100元,请到指定营业厅办理。"

这样用户嫌麻烦就不会再去转网到蜗动,用户就会留下来。

二是要攻,针对蜗动139的滨海用户也组织团队进行点对点外呼转网营销,打击蜗动的高端用户。

两条建议一出,大家都觉得不错,但是交给谁去攻,这是一个问题。讨论左右,最后重担又交回到士隐头上。

士隐根据杜春希指示,找公司申请专项成本——一户500元进行转网,同时把任务又交给了王士利新注册的公司翼达通手上。

专项政策配高激励,王士利专门租了一层楼请了50名电销人员进行专项外呼,一天能办理近50单。

第三十二章 以牙还牙

不过,天有不测风云,王士利照着 139 滨海本地号段外呼,不小心,呼到滨海蜗动老总牛哄哄头上,"您好,这里是广田电销中心,恭喜您成为广田特邀客户,不换号到广田,现有话费每月直接减免 100 元,欢迎办理。"

牛哄哄立马录音,同时套出外呼地址,安排人员上门录像取证,转手报告给通信管理机构。

马上通信管理机构的整改通知函下来了,要求广田对涉事部门主要负责人进行免职处理。

广田一开始顶着不动,第二张整改单又下达,要求对分管副总进行处理,同时告知再不处理,要对公司主要负责人进行处理。

这下广田慌了,没办法,朱明松上门到通信管理机构沟通了几回,最后士隐又成了背锅侠。

先是把滨海西区渠道中心独立出来设立一个新部门,再把曾士隐任命为部门负责人,最后再把他免掉,这一套流程做完,才算对通信管理机构交了差。

士隐也是一天一把手没当成,又被免掉了。杜春希、苏菲都找他谈了话,一是要有大局意识,二是要有担当精神,三是以后会找机会补上。

士隐最近在看《曾国藩》,上善若水,利万物而趋于下,看开了,都照单全收。

杜春希又借此机会,对渠道中心进行了调整,分成滨海东区还是由龙跃进负责;滨海西区,士隐被免职了,还是继续像龙跃进一样做代理总监;又成立了一个滨海南区,竟然是朱明松大秘武媚过来任总监,看来是要重点培养。

百日百万

第三十三章
5G 大会战

"尊敬的王女士,您好,我是广田公司工作人员,目前正在进行 5G 网络升级,升级 5G 每月流量可以多送 20G,变 60G,宽带还可以提速 300M,请问你需要办理吗?"广田按照集团战略部署开始全面推进 4G 升 5G 活动。

"好啊,怎么办理呢?"用户问道。

"会有个 10020 客服电话发给您手机上短信验证码,您把验证码报给我,我们在后台就可以给您升 5G,套餐资费下月开始生效。"

厅店输入验证码,用户套餐就由 4G 169 套餐升级为 5G 169 套餐,宽带速率由 100M 提速到 300M,手机流量由 40G 提升为 60G。

用户得到实惠,网络得到升级;厅店也可赚取手续费,一件约 20 元;广田也获取了一个 5G 用户,似乎是三赢。

实际上有几个问题,一是以前 4G 169 套餐是无限量套餐,超过40G后网速由4G降为3G,但不会额外收费,现在换成5G套餐,超出流量部分是要额外计费的,这对于流量需求量超高的用户实际是不划算的。

果然过了几个月,王女士打电话投诉广田,怎么升级5G套餐后,费用多交了120元,原来王女士是个抖音博主,天天拍视频开直播,一个月流量100G包不住,超出60G,一个G要收3元,超40G就多收120元。

厅店没办法,又给王女士申请还原套餐。

劳动竞赛在各片区进行开展,5G销量快速提升,过了几个月,公司又开始通报套餐价值提升情况。

滨海东区,龙跃进负责,整体套餐价值提升20元;

滨海南区,武媚负责,整体套餐价值提升50元;

滨海西区,曾士隐负责,整体套餐价值提升-10元,即升5G后套餐价值不升反降10元。

市场部要曾士隐上报分析及整改报告。

士隐要人员一分析,这边厅店重点是对流量溢出用户进行外呼,即以前169包40G不够用,又办了个10元包10G流量包的,一个月消费179元,现在升5G 169包60G,消费下降了10元,用户是真心得了实惠,但广田公司客户价值下降了,这就不行,要整改。

怎么改呢?要套餐价值提升,即要重点呼以前129套餐用户,把他改成169,这样套餐价值就提升了40元,而不能直接呼169套餐用户进行平改。

但用户消费支出提高了,他为什么要升5G套餐呢,厅店人员向士隐提出疑问。

士隐答道：这是公司定的战略，我们的任务就是执行，再说公司收益下降呢，哪有成本给你们付佣金啊。

面对代理商，士隐可以这么说，但面对用户呢？新来的总监武媚思路比较灵活，她告诉士隐，这叫"消费升级"，是满足人民群众对网速提速美好生活的向往。

哦，不愧是老总身边的人，站得高，看得远，格局就比士隐他们要高。

第三十四章
慧家产品转型

5G会战如火如荼展开，广田又开始推智慧家庭产品，广田的战略非常简单就是紧盯华位。

10月23日，在华位开发者大会2021上，华位对外宣布，10月30日前，全国将有15家华位全屋智能授权体验店正式开业，覆盖北京、武汉、长沙、温州、合肥、成都、南京、福州等15个城市，预计年底完成超过50个城市、50家店建设。5年要卖500万套。

智能家居设备产品市场潜力巨大，价格从79元的Q6网线/光纤版，299元的全屋WiFi，1999元的智能门锁再到31万元的智能汽车，可以说是应有尽有，没有做不到，只有想不到。想象一下智能家居的生活场景：

当你还在回家的路上，家里的台灯、窗帘、新风机、空调、扫地机器人就可以用手机一键打开；

人远离家千里，一样还能收到水浸报警、烟雾报警、燃气报警，同时可通过机械手关闭阀门，保障屋内安全；

当你吃饭时，灯光照明可以及时调整到舒适亮度的区间，并打开合适你心情的音乐，增进食欲；

当你入睡之时，能够享受到 AI 计算带来的自然唤醒、便捷起夜与舒适入眠……

广田新推的慧家产品叫广田智能门铃。它跟传统门铃相比最大优势就是在手机上可以实时监控你门口的动向。

东西是好东西，不过定价不亲民，一套设备礼包要 399 元，设备进价 210 元，加上年使用费 60 元，卖一套设备，厅店赚 59 元。

广田厅店卖东西一般都卖不动，因为淘宝、京东上卖货的太多啦，价格还比你实惠，你怎么卖得动。

但不卖不行啊，每天通报排名加考核，老三样，士隐他们压着厅店要卖，到厅店去一检查，代理商连货都没有，卖什么鬼？

于是先解决代理商进货问题，要求每个厅店至少要进 5 台门铃，不完成每台考核 200 元，算是压着 50 多家厅店，进了 300 台货。

其次是要有演示体验，用户一进店，就按一下门铃，"叮咚，小田小田，来客人啦，快来开门吧"，然后在手机上给用户展示可以实时观看和 7 天回看，引起用户需求和兴趣。

再次就是优化政策，降低门槛，卖不动就送，新装一个 5G 199 广田套餐就送一个智能门铃，这样用户很容易接受。

最后就是加大激励，销售一台差价 59 元，再叠加 40 元返利，一台赚100元，这样代理商积极性也调动起来。

几项举措一叠加，士隐一天门铃销量也起来啦，日均突破100个，高峰可以冲到200个。

广田的慧家产品也越来越丰富，什么看家摄像头、智能门铃、慧家精灵音响等，打造智能家居生活战略开始逐步显现。

百日百万

第三十五章
电梯事故出大单

慧家生活战略开始逐步升级,根据集团指示,今年滨海广田要建成 100 个智慧小区,这个智慧小区验收集团是有标准的,要求要有一套门禁卡口 +5 个监控摄像头,整体定价 1999 元,靠硬卖是卖不动的,运营商做销售最大的优势就是送。

士隐反映现在小区一般都有门禁和监控了,再说就一套门禁也不够送啊。杜春希答"送都送不出去吗?要你们干什么,你的片区任务 10 个小区,想要多送公司也送不起,但这 10 个必须完成。"

士隐知道多说无益,没吭声回去布置销售。公司要求领导干部带头干,每个总监要亲自上门完成一个智慧小区销售。

士隐找到所在小区社区,以"平安小区综合治理"的名义找书记进行洽谈,社区马书记人很和蔼,首先问要不要钱,士隐答"国企投资,不要钱,就是要配合安装以及录入居民信息"。马书记又说:"我这社区,800 居民,四个出口,近百

第三十五章 电梯事故出大单

个监控,你们准备全部给我更换啊。"

士隐摸摸鼻子说道:"我们这是最新的人脸识别门禁,价格比较昂贵,初期阶段上面只给一个小区批了一套,后期您觉得效果好,我们可以再申请。"

"哦,是这样啊,那就要你们上面给我们发文吧,我们是基层组织,得听街道管委会的,你要街道给我们发文吧,就这样,我还有事。"马书记下了逐客令。

士隐第一次上门洽谈,碰了一鼻子灰,后来又去了几次,马书记干脆不出面了,派下面一个小干事进行接待。

公司又开始通报,滨海南区武媚那边取得首单突破,士隐打电话先是恭喜再是取经,武媚笑呵呵地说:"没什么,那个社区书记以前跟朱总办事时打过交道,很熟,一下子就签啦。"

也是,这种政企项目,首要就是关系,没关系对方连听你介绍的机会都不会给。没办法,士隐暂时没找到突破口。

这天,士隐早上从家中出来下电梯,突然电梯停在半空中,一片漆黑,士隐吓得要命,赶紧打电话给电梯间的联系电话,对方说马上过来。

在里面等了半个小时,把士隐憋得快不行啦,才听到外面有动静,敲敲打打,终于把士隐给弄出来啦。

恢复故障后,士隐再一看,电梯里面竟然没有安装监控,这还了得,万一在里面发生什么事,被打一顿也说不清楚啊。

于是士隐正好计上心头,直接在头条上发文章《滨海岚田小区电梯不装监控,存重大安全隐患》,阅读量一下过万,评论过百，但就是这样，岚田小区的基层组织还是没有找过来。士隐又到滨海城市留言板去投诉，这个比较有效率。

上午才发帖，下午社区就打电话过来了，士隐一接，还是马书记，士隐开玩笑说："哎呀，马书记，您还亲自打电话过来啦。"

马书记问"您是哪位？怎么知道我这边？"士隐说："大水冲了龙王庙，对不住啦，马书记，我是滨海广田的小曾啊，上周才到您办公室的。"

"哦，小曾啊，怎么又投诉呢？我跟你说啊，我们这个岚田小区属于老旧小区，2000 年就建成啦，当时没安装监控，根据《滨海市电梯安全管理办法》，新建住宅电梯必须安装监控，在建住宅鼓励安装监控，但没有强制要求安装，现在安装一个监控要好多钱啊，你说怎么办啊？"

士隐说："马书记，不打不相识啊，现在不用您投钱，我们广田公司给你免费装监控，您看既解决安全隐患，又避免居民投诉，还提升小区居民幸福感，也帮您多添业绩，好处数不胜数，何乐而不为啊。"

就这样，一场电梯事故帮助士隐拿下智慧小区第一单。后期的谈判非常顺利，小区 4 个出口全部装上广田集团开发的人脸识别门禁系统，其中 3 套由社区采购，1 套广田赠送体验；外带小区 18 个老旧电梯全部装上广田监控摄像头，配备 18 条宽带。

这个智慧小区打造，门禁设备赠送体验只是前奏，核心有两点。一是以数字化能力和智能化应用，推动社区治理现代

第三十五章　电梯事故出大单

化；二是在于能够服务用户、接触用户、最后转化用户。

因为小区 800 户居民都要收集人脸及身份信息进行系统录入。士隐专门找公司申请了攻坚政策：一是针对他网用户可以免费体验一条广田 99 元 100M 宽带＋30G 流量，体验期 3 个月，体验到期，可半价即 49 元继续使用；二是本网用户升级 129 套餐可免费领取一个智能门铃。

同时士隐组织 20 个厅店人员进行现场居民信息采集及营销转化。

跟社区马书记协调好场地及采集流程，这套流程都是现成的，跟新冠疫苗接种流程基本一致：

1. 社区在微信群发布门禁升级人脸识别系统公告；

2. 微信群上接龙预约；

3. 周末两天，在指定现场分时段进行排队采集；

4. 广田人员现场采集信息；

5. 最后一个流程窗口就是领取新门禁系统操作手册及广田通信礼包，对他网用户营销体验宽带，本网用户升级送门铃。

活动现场营销效果非常显著，第一天就收集了 300 个用户信息，他网用户近 200 户，转化了近 150 条体验宽带。

士隐想起"会干也要会说"的古语，晚上 8 点在现场编辑了营销图片和销量数据，发了一个朋友圈。

没想到就是这一条微信朋友圈让他咸鱼翻身。

百日百万

第三十六章
召开现场观摩大会

士隐才发完朋友圈,微信的小红点就开始不停地冒,朋友圈的点赞量快速飙升,滨海南区的武媚是最先点赞的,还加了一条评论:士隐牛哇!紧接着滨海东区的龙跃进也跟着点赞,还有其他片区的总监、区分公司领导及同事纷纷点赞,但线下渠道中心老总杜春希一直没有点赞。

突然,士隐又发现一条新评论,竟然是滨海老总朱明松发的,赫然8个字:形成样板,全区推广!这8个字份量不一般,曾士隐赶忙回复:感谢朱总勉励,滨海西区定不辱使命!

朱明松这一评论一发,跟着点赞的更多了,副总钟慧、渠道中心杜春希都跟着点赞了。

紧接着,士隐接到杜春希电话:"士隐,你这个智慧小区现场要干两天吧?"

士隐答:"是的,杜总,明天还有一天。"

杜春希说:"好,刚才公司来电话,明天各渠道、各区分

第三十六章　召开现场观摩大会

领导要到我们这里开现场会，你连夜加个班，好好组织下。朱总、钟总都要亲自过来，你准备好啊！"

士隐还想问下情况，杜春希已经挂了，士隐头皮发麻，又问了市场部，了解了现场会要求，然后连夜找广告公司印刷横幅、海报及 KT 板，又请马书记吃个夜宵，说："公司对这个小区很重视，明天要来很多领导，请马书记多多支持。"

马书记说："没问题啊，我这里也要经常组织些小区居民服务活动，需要添置些桌椅板凳、麦克风及音响设备。"

"这些都申请给您配，明天您要亲自出面，把我们大领导陪好啦。"士隐一边敬酒一边说。

忙了一晚上，睡上两小时不到，士隐就起来了，赶到现场，又督促大家把现场布置了一番。

准备了八顶广田 5G 的帐篷一字排开，上面连着两条 10 米多长的大横幅，一条写着"岚田小区智慧门禁升级办理现场"，另一条写着"滨海广田现场观摩学习会"。

上午 10 点，朱明松的座驾奥迪 A6，车牌号滨 AZ666888 到了，杜春希带着士隐一行上前迎接，朱明松跟众人一一握手，对着杜春希、曾士隐说道："今天是过来学习的，你们的主场你们做主！"

杜春希望向士隐，士隐说道："朱总，各位领导，在公司各部门的大力支持下，在我们杜总指导下，我们滨海西区才拿下岚田小区智慧社区项目，小区总共 800 户住户，昨天收集了 300 户，今天收集剩下 500 户，那边是社区马书记，朱总，我带您过去介绍。"

朱明松来到一号帐篷旁，上面写着门禁识别信息采集处，士隐向马书记介绍朱总，朱总跟马书记握手说道："马书记，感谢您对我们滨海广田的信任与支持啊，有什么意见建议都可以提啊。"

马书记笑呵呵说："欢迎朱总过来指导啊，你们这个小曾啊，真是个人才啊，我跟他可以说是不打不相识啊。一开始还要投诉我们社区，后来又达成了这么大一个合作，真是一波三折，不简单啊。"

朱总听着也笑了起来，送走马书记，来到士隐布置好的现场，滨海营销前端的各部门领导都早到了，站成了三排，士隐给朱明松递上话筒，朱明松开始讲话：

"同志们，我们传统的宽带、光纤、数字电路市场正在被互联网厂商蚕食，我们正在逐渐被管道化、低值化、边缘化，互联网企业通过 SDN 技术，配合大量数据中心，正在打造一个"超维"网络；以某讯为例，已拥有 Tb 级 BGP 网络出口、多运营商聚合的超级网络，而传统的运营商 ICT 市场仅数千亿规模，新的 DICT 市场将是万亿级市场，2025 年数字政府、数字社会市场规模将突破 10 万亿元。

今天，在这里，滨海西区的曾士隐同志让我们看到了一个活生生的新市场，智慧小区市场，大家看这里排队的居民，这都是巨大的用户市场，是我们相比互联网厂商能发挥属地优势的具体体现，未来将是 2B2H2C 转化的多模式市场，希望大家认真学习，回去后，快速行动，加快新型市场打造。下面小曾给大家具体讲讲如何拓展智慧小区市场。"

第三十六章　召开现场观摩大会

士隐连忙走上前,接过朱明松的话筒,说道:"感谢朱总,各位领导,各位同事,说句实话,昨天就是随便发了一个朋友圈,没想到惊动了这么多领导,也害得我一晚上只睡了2小时忙着在这里准备现场。"

台下一顿哄笑,武媚提醒道:"讲怎么干的?"士隐接着说:"武总监讲得对,其实第一个干成智慧小区的是我们武总监,不过她没有发朋友圈,我这个具体怎么干的,真的是歪打正着,全凭运气,这要从我住的这个老小区里的老旧电梯说起……"士隐就从电梯被关说起,再到头条炒作、留言板投诉等一一说来。

"这也就是我这底层老百姓能碰到这事,下面站着这些领导,都是住豪宅、别墅、江景房,哪会碰到没装摄像头的老旧电梯啊。"士隐最后打趣了一句,众人听着哈哈大笑,士隐在台上好像一个说书的,更像是个讲单口相声的,总之在一片欢声笑语中,这个现场观摩会结束了。

百日百万

第三十七章
平级重用

岚田智慧小区现场观摩会圆满结束后,一个月后的一天晚上,杜春希跟苏菲正在酒店里缠绵,苏菲感觉杜春希没有以前那么投入,心里不高兴起来:"怎么,春春,帮你坐上渠道中心一把手啦,就对老娘没兴趣啦。"杜春希心里这样想,但还是没表现出来,说道:"我的菲姐啊,怎么会呢,最近工作任务压力大,有点力不从心啊。"

苏菲说道:"告诉你吧,士隐马上要被提起来啦,你小心点吧。"

"什么,曾士隐,不是才因为转网问题被免职吗?"杜春希急忙问道。

"都过去大半年啦,要不是因为这,朱明松早提他了。这不才办了个智慧小区现场会,省公司领导都知晓啦。党委会刚开,马上要谈话、公示啦。"苏菲说道。

杜春希一听,更加没劲了,第二天就往士隐办公室跑。士

第三十七章　平级重用

隐正在看文件，突然见到杜春希进来了，很是意外，起身问道："杜总怎么亲自过来啦？一个电话，我就过去嘛。"

原来杜春希的办公室在正楼五楼，旁边是龙跃进、武媚办公室及渠道中心各科室，还有会议室，曾士隐被安排在偏楼二楼的一个库房里办公。

来到渠道中心这里1年，杜春希从来没主动来过士隐办公室，每次都是士隐到杜春希那里去汇报，或到会议室开会。今天见到杜春希光临，士隐觉得太阳从西边出来了。

杜春希见到士隐，又看了看环境，有点尴尬，说道："士隐啊，一直忙，总想到你办公室坐坐，都没时间。你这里条件简陋，早点跟我说嘛，我要办公室给你换间大的。"

"杜总，没事，我早就习惯了，你看这里比较清静，旁边就是厕所，干事都很方便，呵呵。"士隐说道。

"好，你要想换随时跟我说，对啦，上次举办的现场观摩会很不错，你也辛苦啦，晚上我和跃进、武媚一起接你吃饭，犒劳一下。地址待会武媚会发给你，记住啊！"，说完就走了。

士隐有点丈二和尚摸不着头脑，不知杜春希葫芦里卖的什么药，这时武媚又过来了，武媚虽然坐正楼，但经常往士隐这边跑，一是她刚调到渠道中心做总监，有些业务方面喜欢向士隐讨教，二是上次士隐为她挡酒，对他产生了好感和兴趣。

"武总监啊，今天双喜临门啊，杜总才出门你就来了。对了，你知道是什么情况吗？怎么杜春希突然要请我吃饭？"

"他是无事不登三宝殿，告诉你个呆子，你马上要有喜事啦，到时别忘了请客啊。记住，我是你的贵人哟！"武媚说完,向士隐抛了个媚眼,也走了。

晚上杜春希、龙跃进、武媚跟士隐一起吃饭,杜春希、龙跃进频频举杯跟士隐喝酒,士隐酒量本就有限,连喝几杯,看着就喝高了,像是踩海绵一样,飘起来了,只记得耳边武媚说道:"杜总,士隐再喝下去要出事啦,来,我陪您喝。"

"哎呀,士隐,你好福气啊,不光要升职,还有美女为你挡酒,最难报就是美人恩啊,羡慕羡慕,来,武美女,我们接着喝。"士隐在旁边趴下了。

后来士隐迷迷糊糊感到自己被人费力扶起,然后不光踩着海绵,还感觉被一个巨大的海绵环绕,这个海绵很温软、很舒服还很香,士隐一受刺激,哇的一口,酒全吐到武媚胸前了。武媚大叫:"曾士隐,你要死啊,弄得人家一身的,师傅,麻烦开到最近的酒店吧。"

出租车司机笑道:"好的,小姐,帮你开到旁边的凤凰大酒店。"武媚一嗔,骂道:"谁是小姐,你这个司机怎么说话的,我要投诉。"

司机一听,忙说:"对不起,美女,我不是那个意思,你们一看就是小情侣,在谈恋爱,您别投诉啊。"

武媚一听,说道:"谁在谈恋爱啊,赶紧开你的车。"

来到凤凰大酒店,幸亏士隐身体比较单薄,武媚在前台开了个房,把他扶上了床,自己赶紧冲进淋浴间,把身上被士隐吐脏的衣物脱下来丢进洗衣机,自己开始洗澡。

士隐迷糊倒在床,刚吐了一半,又想上厕所,跟跟跄跄摸爬起来,听见洗手间有水声,便往那个方向摸去,一进洗手

第三十七章　平级重用

间，正赶上武媚洗完澡从淋浴间出来，士隐定睛一看竟是武媚，还没穿衣服，酒醒了，尿也憋回去了。只听见武媚一声尖叫："士隐，你个色狼，快滚出去！"士隐连忙退回房间，坐在床上，心跳加速，热血沸腾，一边不知所措，一边多巴胺疯狂分泌。

过了好一会儿，武媚才裹着浴巾，一身秀发披在胸前，走了出来，恶狠狠对士隐说道："士隐，说，你是不是故意过来占便宜的。"

士隐先急忙赶到洗手间上了个厕所，出来说道："真对不住啊，武媚，我就是想上个厕所，实在憋不住啦，没想到你在这，我什么都没看到啊。"

"你是瞎子啊，我不管，明天就到朱总那里去举报你去，说你非礼良家少女，要他免你职。"

士隐一听，吓得要命，急忙跟武媚作揖，说道："我的武姐姐啊，我真不是故意的，你就饶了我吧，要不我也脱光让你看看，算是扯平啦。"

"我呸，哪个要看你啊，你别不害臊啊！"武媚骂道。

"那你说怎么办，武姐姐？"士隐问。

"你要负责啊，你还是不是个男的啊。"武媚说。

"负什么责，我什么都没干啊。"

"那我不管，人家都让你看光啦。"

看着武媚娇羞的模样，动人的身材，士隐忍不住神往了，强行静下心来，士隐说道："武媚，这样，我曾士隐不是什么正人君子，也从不乘人之危，我跟你订一年之约，一年之后，你未嫁,还看得上我士隐的,我士隐肯定娶你!"

武媚一听,说道:"这还像个男的说话,放心,一年之内,你找到相好的,我也不缠你。追求我的一个加强团都有,你最多就是个备胎!"

"那是,那是,对了,我俩怎么在这啊。"士隐问道。

"你还好意思问,酒量又不行,还要本小姐帮你挡酒,最后杜春希、龙跃进出去洗脚去啦,把你丢给我,你还吐我一身,真是没良心啊。"武媚竹筒倒豆子一股脑说个不停。

"哦,真是对不住加感谢啊,武姐姐。"

"我呸啊,哪个是你姐姐,我90后,比你小多啦。"

"哦,那个武妹妹,现在好晚啦,你在床上睡吧,我睡旁边沙发,今晚事情肯定保密,OK?"

"算你良心,我要睡美容觉啦,告诉你,别有非份之想,本小姐可是跆拳道黑带八段。"说完躺下就睡了,士隐把沙发收拾一下也准备睡觉,这时突然传出"呼、呼、呼,吁、吁、吁"的呼噜声,士隐笑了,真是个豪放的女汉子。

第二天一早,士隐电话就响了,士隐迷糊接着电话,对话那边一个柔美的声音,竟是人力老总苏菲,"士隐,今天上午9点到朱总办公室,老总要找你谈话,别迟到啊。"

"哦,是苏总啊,好的,保证准时到,感谢苏总提醒。"士隐一骨碌爬起来答道。

"加油啊,小伙子,姐姐看好你哟。"苏菲在电话那边又开始放电。

"谁啊,一大清早,就吵过来。"床上的武媚被吵醒,不

第三十七章 平级重用

耐烦地叫嚷着。

"哦,苏总,感谢关心,好的,先挂了啊。"士隐急忙挂上电话。然后对武媚说道:"武媚,是苏菲电话,你瞎叫唤什么呀,这怎么说清啊。"

武媚翻了个身继续睡去。士隐也不管她了,赶紧起来,冲了个澡,洗漱一番,往公司跑。

9点准时来到朱明松办公室,朱明松要士隐坐下,说道,"士隐啊,上次小区现场会办得不错,公司党委会已经研究了,准备把滨海西区从渠道中心独立出来成立个新部门,叫滨海西区经营部,负责滨海西区全渠道、全客户、全业务经营,这也是一个试点,让你去牵头负责,你要给我好好干啊。"

士隐立即起身,答道:"感谢朱总还有公司信任,士隐定当全力开拓,勇当先锋,对啦,朱总,这个经营部什么级别啊?"

朱总说:"25级三级副,不过,你现在还是副职牵头,级别不变。"

士隐笑着问道:"朱总,怎么不给我提到25级啊,我被你招进来也干了快两年了。"

朱总骂道:"小子,别不知足,好多人盯着这位置呢,别想一步到位,步子太大会扯着蛋!才两年就熬不住啦,你不说这两年给我捅了多少娄子啊。"

士隐收回笑容,答道:"收到,朱总,严格遵照您指示,指哪打哪。"

朱明松说道:"士隐,广田有很多地方需要改革创新,但老国企有很多条条框框，磕磕绊绊，你是我亲自引进的人才，希望能创新突破，趟出一条新路！"

士隐深感责任重大，再次起身，拍起胸脯答道："朱总，放心，士隐快递，使命必达！"

朱明松笑道："去吧，对啦，最近跟武媚处得怎样？"

士隐慌了，说道："朱总，没，没咋样啊。"

朱明松说："她是我一位老领导的女儿，性子有点急，但人心善良，你可不要欺负她。"

士隐说："我哪敢啊，朱总，没事，我先过去啦。"士隐生怕朱明松细问，连忙溜了。

第二天，广田OA公文上发布公示：

各部门、各经营单位：

因工作需要，经分公司党委研究决定，拟将曾士隐同志作为平级重用的拟任人选，其岗位层级等级不变。根据分公司选人用人相关规定，现将该同志基本情况公示如下：

曾士隐，男，汉族，1984年12月出生，硕士研究生学历。

……

第三十八章
人脸识别风波

滨海西区经营部成立,曾士隐作为副总监牵头主持工作,走马上任,抓的第一件事就是加快智慧小区推进。

士隐给每个销售经理都下达了智慧小区任务指标,要求再拓10个智慧小区进来,完成计划的奖励翻倍,未完成的加重考核。

销售经理东皮作为士隐手下销售尖兵,格外卖力,找到熟悉的同建小区物业经理王东方,洽谈智慧小区体验安装项目,王东方说你这个东西不稀奇,滨海飞天广告公司的经理找他谈过几回,一个闸机六七千,屏幕两三千,安装费两三千,全部都由飞天广告公司免费上门安装,但要录入居民身份及人脸信息,主要靠广告分成盈利。"你们这安装门禁,有什么好处啊?"王东方问道。东皮说:"我们这也是免费安装,还不用打广告,录一户人脸给你提成10元,如何?"王东方不太满意:"太低了吧,看在多年交情份上,帮你推推试试。"

很快，王东方就在业主群里发布通知：关于录入人脸识别门禁系统信息的温馨提示。

"为了推进治理智慧化，方便小区业务用户进出小区，提高智慧小区管理水平、安全水平，现联合滨海广田通信公司免费为小区居民安装人脸识别门禁系统，请各居民本周末在物业办公室外广场进行信息录入工作，谢谢配合。"

王东方推荐这个门禁很是卖力，逢人就说这个门禁怎么方便、怎么安全："你看，我下班买个菜提着菜篮子，进出门刷个脸，解放双手，多方便啊。"

但还是有很多居民不认可，推进了一周，录入信息居民不到100户，王东方急了，竟然要物业安保把原有的门禁卡进入通道给封了，强制推行居民刷脸进出。

这一下，可捅了马蜂窝了。小区有个老教授李小春，是滨海大学法律学院的，他立即在头条上发帖《滨海同建小区强制推行人脸识别门禁，我们的"脸"往哪放》，上面列举：

1. 在小区安装人脸识别装置并无必要，而且随意收集人脸数据，也违反了《信息安全保护法》。

2. 从2018年7月开始，有犯罪分子通过非法购买公民个人信息并制作相应的"换脸"视频，突破了支付宝的人脸识别认证。

3. 2019年，又有00后男孩绕过了厦门银行APP的人脸识别系统，使用虚假身份信息注册多个账户并倒卖牟利。

在帖子最后写道："人脸数据具有不可更换性，因为我们无法换脸。一旦泄露就是终身泄露，即便采取法律手段维权成

第三十八章 人脸识别风波

功,丢了'脸',也再没有安全感可言。"

这一帖很快被转发评论,登上头条热搜,同步登上热搜的还有滨海广田公司。

这是士隐走马上任以来遇到的第一场舆论危机,朱明松的电话直接打过来,要他快速平复舆论风波。

士隐把东皮先臭骂了一顿,然后要他赶紧通过物业联系到李教授,主动登门道歉。

一直等到晚上,士隐才在家门口见到李教授,一见面,李教授叫道:"你是2000级的曾士隐同学吧,我对你有印象,思路新颖,发言积极。"

"哦,李教授,我上过您的选修课'经济法',您讲得太棒了,想不到在这遇见您,真是巧啊。"

师生关系放在哪里都是比较亲切的,曾士隐带着东皮来到李教授家里,首先简短汇报了毕业后的工作动向,紧接着向李教授道歉,是自己抓业绩太急于求成,导致下属违规强制推荐门禁系统,最后向李教授请教处置方案。

李教授说道:"士隐,做什么都要依法合规,诚信经营。一是要遵循自愿原则,二是不能把门禁人脸当作唯一进出方式,三是对数据采集信息安全保障举措进行公示告知,让居民放心使用,做到这三条,我会把帖子删掉的。"

曾士隐赶忙握紧李教授的手说,"李教授,太感谢您了,您批评教导的是,我马上按您的要求进行整改,以后还要多到您这儿坐坐、多请教。"

就这样,第一场门禁风波暂时告一段落。

百日百万

第三十九章
FTTR 拓展大赛

通信技术的发展真是日新月异,家庭上网最早靠"猫",即调制解调器 Modem,当时想上网必须安装有线电话和"猫",并且去运营商申请一个服务号,通过拨号实现上网。但是,当时上网和打电话不能同时进行,带宽范围也仅有 14.4K~56K,下载速度约每秒 7KB。

随后是 ADSL 上网,ADSL 将电话线分成独立信道,攻克了不能边打电话边上网的难题,带宽也从 512K 一路提升到 8M。但用铜绞线连接,最大的带宽只能达到 8M。

到 2010 年发展成光纤入户,叫 FTTH,即 Fiber to the Room,速度提高到 100M。

……

如今,华位公司最新发布 FTTR 真千兆全光房间解决方案。所谓"全光",就是利用光纤取代传统的电力线、电话线、同轴电视线、网线等介质来进行 WiFi 组网。

第三十九章　FTTR 拓展大赛

而 FTTR 是 Fiber to the Room 的缩写，翻译成中文就是"光纤到房间"。

其核心是采用星光 WiFi 6 智能光猫，将光猫和路由器合二为一，为家庭带来全面的带宽升级和体验优化。

华位还发布了一栋四层 800 平方米的别墅的 FTTR 全光房间改造实录。

这是一户住在某小区别墅的四口之家，房屋共有 4 层，每层约 200 平方米。

改造前，女主人时常抱怨家里网络不好："厨房和卫生间信号最差，经常连不上网。小孩房间的信号也不好，上网课都费劲。"

经过现场的初步网络测试后发现，全屋网络覆盖较差，WiFi 速率低，多处甚至无 WiFi 信号，卡顿、掉线，严重影响用户的上网体验。

经户主介绍，该户别墅的装修已有十多年，每个房间的老旧五类网线都无法抽出，无法更换。

工程师上门勘测后，为这个家庭设计了全屋的 FTTR 改造方案，用户特地预约了运营商升级到千兆套餐，以发挥 FTTR 的全部能力。

简单四步，快速完成光纤穿管施工，像这样的别墅户型，FTTR 全屋改造仅需 2 小时左右。

改造完成后，现在客厅的 WiFi 速率高达 1097Mbps，4K 视频一点即播，快进拖动无等待。

在 FTTR 真千兆网络覆盖下，儿童房网速能够达到

1135Mbps，实现网课0卡顿。

  FTTR还能够实现"全屋无缝漫游，无感知切换"，无论从楼上到楼下，还是从房间到客厅，WiFi信号都自动跟着你走。

  华位4月发布，很快，广田集团9月就开始跟进，推出了一个FTTR礼包—广田版，定价3999元，包括一条广田1000M宽带+1主网关+1分光器+2从网关。

  副总钟慧又组织推进会，各经营单元开展FTTR拓展大赛，办1户FTTR礼包，佣金奖励499元。

  武媚率领的滨海南区又率先破零，杜春希赶紧要武媚在作战群里晒单，紧接着杜春希点赞，钟慧总点赞，老总朱明松也点赞，后面哗啦啦点赞几百个，紧接着，钟慧发条信息：其他各单元向先进学习，加快发展！

  然后所有人又跟着举拳头。

  士隐举完拳头，就跟武媚去了个电话，向她取经，武媚笑嘻嘻地说："哎呀，曾才子还有向我请教的时候啊？"

  士隐说："行了，武妹妹，别卖关子啦，赶紧告诉我吧，这回又是谁的关系啊？"

  武媚一本正经道："打住，这回，我是凭本事办的啊，上周我在厅里巡店，正好遇见一位客户投诉网不好，一问才知道，家里正在装修，家住滨海国际城，我陪用户上门一看，原来是套江景房，单价5万一平方米，建筑面积200平方米，总价上千万元，一看就是有钱有品的主，我就跟她推荐了最新的FTTR千兆光网礼包，每个房间包括卫生间都能实现1000M上

第三十九章　FTTR 拓展大赛

网，她就很感兴趣，一问价格 3999 元，不贵不贵，还不到一个平方米装修的价格，立马就办了一个。"

曾士隐听着上千万的豪宅，一平方米上万的装修，顿时傻眼，说道："傻妞有傻福啊，什么土豪客户都能遇到。"

武媚骂道："呸，你说谁傻呢，有你这样聊天的吗，挂了。"

曾士隐也想到附近的江景房豪宅去碰碰土豪客户，结果小区门都进不了，写着"私人住宅，刷卡进出"的牌子把士隐挡在门外。

士隐正愁怎么进去？正巧看见有个装修师傅从旁边过，士隐把他拦住，问道："师傅，您是给这边房子装修吧？"对方答道："是啊，有事吗？"士隐说："我有套房子在旁边，也想装修，而且对网速要求很高，不知你们装修能满足吗？"装修师傅一听有生意，来了兴致，说道："稍早些年的房子装修，很多都只预埋了 5 类线 + 只有 4 芯的水晶头，网线只能上到百兆，现如今 1000M 宽带和 wifi6 无线路由器已经相当普及了，外网速率只有百兆明显是带不动的。像我们现在装修的房子必须要保证至少能有稳定的千兆内网有线速率，这就要用到超 5 类、6 类甚至超 6 类网线。"

士隐一听，这不是一般的装修师傅啊，这是行内人，他继续问道："能达到万兆网接入吗？"对方答道："万兆网，那是吹的吧，即使有，房屋墙壁那么厚，信号肯定有衰减。"

士隐说："最新的接入技术叫 FTTR，也就是光纤直接到房间，速率更快更稳定。"装修师傅说："还有这技术，那你得提前订好，要不然我 5 类线都预埋好了，还怎么换成光纤线啊？"说完就进小区了。

士隐一听，有了主意，他想到这个 FTTR 应该从装修市场进行切入，房子都装好了，一般不容易再折腾，于是士隐想到找装修公司进行合作突破。士隐把这个突破思路跟朱明松做了汇报，朱明松表示支持，要他找品道装饰的老总刘三金，这是他的老朋友。

士隐联系上了刘总，约着面谈，具体给刘总汇报了 FTTR 组网的三大优势，一是传统光纤只到弱电箱，FTTR 直接到房间，打通"最后一公里"；二是传统网线 5 年易老化，光纤使用寿命长，易维护；三是有助品道装饰打造差异化品牌优势，提升高端品牌形象。

刘三金说跟朱总是老相识，对士隐这个方案也很感兴趣，同时提出三点意见，一是 FTTR 礼包这个价格要尽量再高一点，立于打造高端品牌形象，建议是 5999 元起步，可以多做些包装；二是对我品道用户要有专属价格，再把价格打下来；三是返利要高，可以签个合作协议，我承诺给你年销 100 套。

士隐表示可以马上按照刘总思路进行修改出个专项方案，再跟朱总汇报，来个战略合作签约。

士隐找到突破口，兴奋得不得了，回家就连夜赶出专项方案。

一是对外礼包价格调整为 5999 元，包含 FTTR 设备费（一主两从）1999 元，FTTR 上门安装费 300 元，1000 兆宽带费 3700 元；

第三十九章　FTTR 拓展大赛

二是针对品道用户专属补贴 2000 元，享受专属活动价 3999 元；

三是对品道公司设立达量奖，达到 100 套，每套追加奖励 500 元。

第二天就跟钟慧总做了汇报，说是朱明松介绍的大客户，钟慧立马批了同意，再跟朱总汇报后，与品道公司刘总举办了大型签约仪式。

品道公司刘总在滨海第五届住宅装饰装修行业峰会上还专门对这个项目进行了推荐，他说，FTTR 光纤这个概念是今年经滨海广田西区的曾总介绍才接触到的，让家装企业和科技企业有了一个很好的融合和组合。

谈及与滨海广田合作的原因，刘三金认为，第一是快，比如下载一部超高清的影片，一般需要 10 到 20 分钟的时间，如果介入 FTTR 网络，20 秒都不到；第二是高，智慧家庭、数字家庭正好是滨海集团总部高层的战略目标，也是品道装饰的追求；第三是最好的组合，如果脱离家装企业去做 FTTR 的落地，其实是很难的。

这个推荐会讲话在网上进行传播，FTTR 概念也跟着火了起来。

百日百万

第四十章
装修不住宽带怎么收费呢？

战略合作签约仪式过了一个星期，预想的销售火爆并没有到来，士隐急忙跟品道的刘总去了个电话，刘总说："士隐啊，正要找你的，我们这边设计师在推荐过程中反映好多问题，你赶快过来一趟吧。"

士隐匆忙赶到品道公司，才发现问题所在：FTTR礼包专属定价3999元，包含一条广田1000M宽带；用户缴费后，宽带就会立即开通扣费，但从装修到用户住进去，短则半年，长的要1年，用户还没住进去，宽带费用就被扣完了，用户肯定不接受啊。

士隐立即重新优化销售流程，把FTTR礼包销售分成三个步骤：

第一步：用户在品道装饰签订装修合同后，向品道交付装修款（包含全额礼包费用3999元）；

第二步：先缴纳广田999元材料款，广田安排装维人员第

第四十章 装修不住宽带怎么收费呢？

一次上门布防光纤，并接受品道项目经理验收。

第三步：客户装修接近尾声（以用户约定开通宽带时间为准），由品道项目经理发起派单，广田装维人员二次上门调试设备和宽带，完成 FTTR 安装并现场接受项目经理验收。

流程优化重组后，品道设计师和客户的顾虑被打消，订单又开始突飞猛进。

士隐正想着可以松口气，又接到品道刘总电话："士隐啊，这边好不容易推荐个客户，你们这边师傅上门走线，被用户投诉啦，现在要求退货，你赶快过来解决下吧。"

士隐又赶到现场，原来客户都已经基本装修好了，这边施工走的明线，影响美观，客户投诉不满意。士隐紧急协调联系华位工程师上门重新施工，华位工程师施工还是专业些，用的是透明线走线，肉眼几乎看不出来，客户点头称赞。

看来得对广田装维工程师进行 FTTR 专业施工培训，保证交付品控质量。

于是士隐又协调华位工程师开展 FTTR 专业施工培训，施工交付质量也提升上来，用户退单率显著下降。

这天士隐到厅店巡查，遇见一个客户在抱怨上网速率慢，问其住址，就在旁边的御江国际，是个老的高端楼盘，士隐就说要到客户家里实际看看。

上门后发现客户家里装修非常豪华，但用的路由器、光猫、AP 面板都是 100M 的，士隐说道："现在办理的广田宽带速率可以达到 1000M，但你用的设备都是 100M 的，就像我修的是一条高速公路，可以开跑车，你还在用拖拉机在跑，速度肯定提不起来啊。不信，我找人帮您测个速。"

士隐让一同来的装维工程师现场用仪器先测了光纤入口端的网速，达到998M；再测用户家里的网速，只有98M。

用户很感兴趣，急忙询问解决方案，士隐说："您这房子当时应该是精装修房吧，用的网线是4类线，我们现在针对像您这样的豪宅专门联合华位公司推出一套解决方案叫FTTR全光组网方案，能让您每个房间上网速度都能达到1000M，但价格比较昂贵，施工工艺也比较高端复杂，不知您能否接受？"

用户问："How much?"

士隐说："对外5999元，今天做活动3999元。"用户答"这合适，马上给我办一套！"

"哎呀，今天真遇到个土豪。"士隐想，马上安排人受理施工。

把用户家里开关面板全部拆下来，原有网线全部抽出来进行光纤更换，组织3名工程师忙了一个下午，总算施工完成。

现场要用户亲自体验了一下网速，感觉"嗖"的一下，像飞的感觉，爽！用户当即在业主群里对FTTR光网进行了宣传推荐，现场又有3位用户有兴趣要办，一个月下来，这个小区办了15单。

这让士隐不禁在反思，以前销售往往关注价格，申请政策打价格战，但现在用户其实不差钱，差的是高品质的服务，这也许是下一阶段工作的突破口。

第四十一章
卖保险与销售转型

自从上次与小薇一别后,好久没跟她联系,听说她自从嫁了首富杨志后就从广田离职啦。

士隐有时也会想念,这天突然接到小薇的电话,很是兴奋,说是要见面聊,更是激动。

见面才知道,小薇在家闲不住,开始推销保险啦。对于保险,士隐是有抵触情绪的。他觉得现在的保险行业一是条款复杂,尤其是现金价值、分红、收益,把士隐这个会计出身的半专业人士都能说糊涂了;二是陷阱、套路太多,经常出现拒赔的投诉,所以士隐总是避而远之。

但小薇卖保险不一样,她先不跟士隐谈产品,谈"爱"跟"责任",士隐还没成家,她就谈你对父母爱不爱啊,有没有责任感啊。感觉你不给父母买份保险,那就不爱你的父母,不孝。

这套攻心话术不得了,首先把你捧到道德模范高度,充满爱心跟责任；其次再来跟你谈如何尽爱心、孝心啊；最后你恨不得主动问如何买保险，这时再跟你介绍医疗险、重疾险、身故险等众多险种，再说几个案例，某某刚被查出某某病，保险公司全报等。一套流程下来，士隐立即投了几份保，一切水到渠成。

投完保后，士隐说道："小薇，不错啊，几日不见，当刮目相看啊。"小薇笑说："呵呵，其实这一套都是公司培训的。"

送走小薇，士隐陷入沉思：前期有FTTR给用户带来的极致光速服务案例，今又有销售"爱与责任"的保险推销话术。看来我们的销售话术与销售形式要进行调整了。

装维工程师是广田负责给用户上门安装宽带及检修宽带的人员，从前他们仅负责安装及修障，但用户对他们的信任度很高，就像病人找医生看病一样，宽带故障就会找装维工程师；他们也是为数不多能够敲开用户家门进行入户服务的人群，下一步就要对他们进行赋能，在装机修障的同时进行营销切入，实现销售模式转型。

士隐把这种新型销售模式称为"接触式服务成交"。

"接触"，是指装维工程师在进入用户家庭修障过程中能够方便接触到客户，在封闭的环境中，用户有机会听你说，容易成交。

"服务"，是以提供服务切入，不提销售，让用户追着你问如何购买，再顺理成章销售。

"成交"，落脚点还是在成交，但要像演员一样按标准化话术进行交流，按标准化流程进行推荐，动作执行到位，结果

第四十一章　卖保险与销售转型

就有保障，自然而然会成交。

正好有位用户刘姐家里网络不好，报了障碍，士隐亲自带装维工程师大庆进行上门测试，上门前对装维工程师进行话术及流程培训。

大庆进门前第一步先表身份："您好，我是广田公司装维工程师赵大庆，工号3508，上门解决您反映网络故障问题。"刘姐连忙让士隐他们进门，说家里网络经常卡顿。

进门后第二步查设备，看用户光猫及路由器型号、使用年限及摆放位置，大庆说："大姐，您这用的路由器设备还是百兆的，2015年生产的，有好几年了，上面还好多灰，我先帮您做个免费清理服务。"刘姐说："谢谢，这设备也是你们送的，是好多年啦。"

第三步测网速，大庆拿出仪器给设备测速，边测边报，"大姐，您看从光纤出来的速度是挺快的，达到接近300M，但路由器的信号只有98M，差别这么大，主要是路由器设备老化。大姐，您看我现场给您换个设备，你再看看网速，如何？"刘姐欣然同意。

第四步上体验，大庆换上最新的华位5200四核千兆路由，再次测试网速，爆表啦，速度一下提升到298M，大庆要刘姐打开一个视频软件观看视频，毫无卡顿，刘姐说："速度真的好快啊，看视频一点都不卡。"

第五步等问价，大庆跟刘姐不停演示，让刘姐到各个房间体验优化后的上网速度，这时刘姐问道：这个设备不错，怎么办啊？

第六步顺推荐，按照话术流程，大庆就是要等刘姐开始对这个设备感兴趣，主动询价，大庆开始推荐了：刘姐，这个华位千兆路由外面标准定价399元，现在上门活动价299元，然后查了您的套餐，现在是广田129套餐，升级为广田169套餐，提速到500M，可以免费领个设备，您看是免费领个，还是优惠100元购呢？刘姐说，那就办个升级吧，小伙子，你很专业，我相信你。

第七步加微信，大庆在手机上下单帮用户受理完成后，说道："刘姐，这是我们广田公司的企业微信，您加下，以后使用有什么问题，随时可以跟我联系。"

第八步做评价，加完微信，大庆接着在手机上打开满意度评价说道："对您服务还满意吧，刘姐？"刘姐说："不错。""为了表示对我服务认可，请您给我打个10分满意评价。"刘姐选上10分。

第九步求分享，"刘姐，如果对我服务满意，请您发个朋友圈帮小赵做个推广，我这还有个数据线小礼品赠送，这是推广模板，我发您：我正在参加滨海广田宽带大提速活动，欢迎围观！"刘姐发完朋友圈，领到小礼品，士隐在旁边终于发话了："大姐，您看我们这个上门服务，您还满意不？还有什么宝贵意见啊？"刘姐又是免费领了价值299元路由器，又是领了小礼品，上网卡顿问题也解决了，满意得不得了，忙说："很好，很好！"

就这样，一套标准化上门服务流程在实践中诞生了。士隐准备上报公司。

第四十二章 方案优化

士隐向朱明松、钟慧汇报了"接触式服务成交"销售模式,得到他们的高度认可,朱总指示钟总要优化后在全区全面推广。

钟总组织市场部及各经营单元总监一起研究讨论,会上士隐把"接触式服务成交"九步法:"一表身份,二查设备,三测网速,四上体验,五等问价,六顺推荐,七加微信,八做评价,九求分享"进行详细汇报。

汇报完后,大家都没表态,武媚自从上次邂逅士隐后,再次见到士隐,感觉他在台上气宇轩昂、妙语连珠,让她心怦怦直跳,觉得自己有点迷恋上士隐了,听完他的介绍,第一个发声说:"曾总,这个销售转型太棒了,我要向你多请教哟。"

士隐说:"武总谦虚啦,互相学习。"士隐不敢直视武媚的眼神,只隐约见到她脸上有两抹红晕。钟总接着说:"根据朱总指示,准备在全市范围推广士隐这个九步法,现在请大家提优化意见。"

这时，大家才纷纷表态说，这个方法好，我们坚决加快学习推广落实。龙跃进说："这个方法听上去不错，不过，装维人员上门做营销，那要我们厅店营业员干什么？"

跃进这个话题一抛出来，杜春希立即跟进附和："不错，这个不是装维的把厅店的生意都抢了吗？那厅店怎么生存呢？"

确实，这里面涉及渠道冲突与协同问题，士隐现在是滨海西区经营单元总监，负责不仅是西区市场的厅店，还有装维人员，都属于士隐的区域属地化管理。但杜春希的渠道中心是垂直线条专业化管理，只管理厅店，没有装维人员，所以他的反对意见最大。

士隐说道："杜总，您说的是，确实有这方面问题，我也是从厅店出来的，但我认为装维渠道对厅店是一种补充，是厅店以前接触不到的用户，以前装维上门仅仅是修障，现在把他向前延伸一步，修障的同时进行营销，与现有厅店营销并不冲突，厅店还是可以继续做进店用户。"

武媚补充道："是不是可以把厅店与装维联合起来进行上门营销，装维做服务，厅店做销售，这样不是优势互补吗？同时我觉得服务对象可以扩宽一点，不仅仅是针对修障用户，还应该是拓展到全区所有用户，建议可以通过'宽带免费体检'这个主题进行切入。"

钟慧说："武总监这个提议好，既发挥厅店的销售能力，又发挥装维的服务优势，1＋1＞2，就按这个模式进行优化，同时格局要高一点，就叫'滨海广田宽带免费体检活动'，通过宽带免费体检接触到滨海广田所有宽带用户，对其他友商的用户都可以进行免费检测，让滨海市民都体验到我们广田的服务，也便于我们进行上门营销。请曾士隐、武媚、龙跃进三人组成项目组，完善方案报我。"

钟慧总一锤定音，布置起任务。

会后，士隐把武媚、跃进留下来继续讨论优化方案。几人从项目流程、外呼预约话术、人员配备及上门话术等各方面进行了充分讨论，形成意见。

最后士隐要跃进形成方案报他，跃进说道："曾总，我对这块不是很熟悉，怕耽误事啊，再说，杜总下午安排我去他办公室讨论下季度工作方案，您看……?"士隐正想发火，武媚补充道："士隐，写报告，是我的强项，跃进跟杜总这边确实忙，这任务交给我吧。"见武媚主动请缨，士隐对武媚说道："武总，是给朱总写材料的专家，写这个报告真是屈才啦，感谢感谢，改天请你吃饭。"武媚说道："你说话算数啊，材料写完啦，好好宰你一顿。"

武媚不愧是整材料高手，一天时间，就给士隐整出了一个数万字的报告，题曰《滨海广田宽带体检服务成交执行手册》，总纲如下：

一、背景

以宽带免费体检为契机，接触目标用户，装维与厅店人员协同上门，提供服务，完成交易。

二、活动预约与派单

百日百万

统一通过滨海广田微信公众号进行推广预约,线上订单派发至各区分,由区分公司安排装维工程师与厅店人员上门。

三、活动实施

上门前,装维工程师准备好免费检测设备、扎带、鞋套、抹布;厅店人员准备好用户服务登记表、WiFi速率检测表、提速降费登记表,强调标准化服务和动作;具体上门操作流程按照"接触式服务成交"九步法执行。

第四十三章
滨海宽带免费检测大行动

　　活动策划完毕后，借着 5 月 17 日国际电信日，公司在滨海广田微信公众号及官方微博上推出"滨海宽带免费网络检测活动"：

　　今年以来，广大市民用网需求急剧攀升，网络速率与网络质量便成为关键。

　　为确保用户网络使用顺畅，滨海广田面向全市居民推出免费网络检测服务。滨海广田装维工程师队伍随时待命，免费为市民检测网络信号及网络使用安全状况。市民可拨打 10020 号或在滨海广田微信公众号上预约，无论是否为滨海广田，用户均可享受该服务。

　　活动在滨海各大媒体进行推广，免费网络检测活动首日冲上微博本地热门话题榜第一，讨论参与人数 10 万＋，出现三篇 10 万＋阅读量的微信大号推文，当日线上预约客户数高达 1000。

百日百万

士隐亲自陪同装维工程师与厅店人员上门了几户。

用户刘大爷是位独居老人,在家唯一的爱好就是看广田电视包里的一档节目《欢乐对对碰》,可上周家里电视突然看不了,士隐带着工程师上门进行检测,查来查去,原来是遥控器电池没电了,换上电池,电视又可以看了。刘大爷高兴得直拍手,把士隐拉到板凳上坐,拿出一把花生招待,还说:"你们真是老百姓的贴心人啦,太感谢啦。"士隐顿时感到这个上门检测真是为人民服务啊,就算没有成单,也很高兴。

从刘大爷家出来,士隐又来到李大姐家,装维工程师先检测网速,"姐您好,刚对您房间各处做了个网络检测,客厅53M,卧室55M,厨房44M,卫生间42M,您家里的设备现在是个百兆的设备,但刚刚测出您家里网没有达到百兆。我们先把千兆光猫跟千兆的路由器装上,您先体验一下,我再帮您测个速。您看,现在速度立即翻倍啦,客厅99M,卧室98M,厨房91M,卫生间90M。"

旁边营业员开腔:姐,刚刚工程师换了新设备,测了网速,分别是客厅99M,卧室98M,厨房91M,卫生间90M,您刷抖音或是用手机看电视试试。刘大姐刷了下视频速度果然快了。

营业员继续说道:"您现在是129套餐宽带100M,刚刚工程师跟您测出网速不达,主要是您的设备太老了,现在都是千兆的设备,所以您上网比较慢,现在我们针对老客户有个活动,您升级到159套餐,宽带可以提速到500M,套餐有60G国内流量,1000分钟国内通话,全家共享。"

第四十三章 滨海宽带免费检测大行动

大姐一听要多交钱,说再考虑一下。

营业员见升级套餐不成,转而推荐设备,说道:"您暂时不升级也行,但您刚看到了,设备确实比较老化了,现在换个设备原价要399,上门给您特价办理只需299,网速立即就能提高。"

大姐想了想说:"行吧,看你们忙半天,又是检测,又是安装,不办个怪不好意思的。"李大姐办理了千兆光猫和千兆路由礼包。

士隐他们又来到了下一户人家,开门是位美女,按照上门九步法先表明身份,进门检测,前面几步都很顺利,到了切入业务环节,美女一听要收费299,立即警觉了:"不是说好的免费检测吗?怎么又要收费了?不是套路吧,我可见多了。"士隐解释"上门检测是免费的,您设备要升级才能享受更高品质网络服务啊。"美女咬定青山不放松,收钱就不办理,没办法,士隐他们灰溜溜地退出来了。

看来不是每位用户都能成交,士隐暗自感慨,不过当时没来得及问她手机消费情况,说不定是另一个突破口,士隐思量着又来到下一户。开门的是个帅哥,前面服务流程都大致相同,士隐跟他聊到国家提速降费力度很大,还问他用的什么手机号,一个月话费多少,帅哥说用的蜗动的98套餐,一个月就98元包20G流量,他老婆用的是迪信的129套餐。士隐一听就来兴趣了,说道:"蜗动的98套餐一个月消费肯定不止98元,不信你问蜗动客服。"帅哥不信,打客服电话一查,上月消费118元,有两个莫名的增值服务包收了20元,"怎么没人跟我说呢，你们这是乱收费！"帅哥怒挂电话。士隐一直对蜗动低价转网政策耿耿于怀，这回碰上蜗动用户，说什么也要把他转过来。

士隐让帅哥消消气，然后跟他算账："你现在一家消费 118＋129＝247 元，其实可以套餐升级就能提速降费，把你老婆套餐升级成 159 元，提速到 500M，套餐有 60G 国内流量，1000 分钟国内通话，再把你的手机号不换号直接加入套餐里，全家共享。这样你一家消费只需 159 元，一个月省了 88 元，一年就是 1000 多元啊。"

帅哥一听升级还能省钱，立即同意办理，现场携号转网办了广田 159 套餐，用户对士隐他们的服务点头称赞，主动帮忙宣传，这更坚定了士隐进行上门服务转型的信心。

宽带免费检测大行动火爆进行，一天接触他网用户几百户，转网广田近百户，取得预想不到的效果，钟慧总指示加快宣传及转化速度，抢抓增量市场。

"宽带检测大行动"同样在网上引起关注，有通信研究院发文《"宽带检测"开创新营销机会》，盛赞这种新模式。

文章指出，通信行业用户新增普遍骤降，运营商苦于摸索新途径，难以搭建用户营销触点，滨海广田近期凭借一招"免费上门检测网络"打开新的营销机会大门，在向公众彰显运营商服务精神的同时，还将"顺销"做成其内部新的重要拉新渠道。其切入点是用户对于高质量网络的需求，不管是哪家运营商的宽带用户，只要报名，便可享受由滨海广田安排装维工程师提供的无偿上门服务，检测网络卡顿、网络速度慢的

第四十三章 滨海宽带免费检测大行动

原因,帮助解决设备不会调试、软件不会用等问题。这项服务在获得用户好感的同时,也为广田带来不少增量。

当然也有反面的声音,某自媒体针对此行动同样发声,标题是《滨海广田为友商的用户做宽带免费检测,做好事?》。

文章中说,滨海广田在各大媒体进行"宽带免费检测"推广活动,解决客户网络服务需求,并宣称活动受到滨海市民欢迎和好评,首日就冲上了微博本地热门话题榜第一。

紧接着话锋一转:"需要特别注意的是,检测对象并不局限于广田客户。广田的工程师进入市民家中,为其他运营商的宽带做速度检查,这能测出什么好结果!手机行业口水仗打得死去活来,也还没有发生过小迷官方组织做华位手机拆机直播的荒唐事。想象一下,广田的工程师会怎样向市民解读他网宽带的检测结果,无非是或明或暗地引导换广田宽带罢了。"

文末叹息道:"上其他运营商厅门口拉客,上人家客户家里'检测宽带',这样的事还在不断发生着,运营商之间如何良性竞争。"

面对网上这些舆论,士隐向朱明松请示"是不是控制下节奏?"朱明松十二个字回复:战略正确、控制细节、纵深突破!士隐一听,知道是要继续加大力度冲,还要向手机号这个纵深方向进行突破。

百日百万

第四十四章
"通信我查查"大行动

根据公司指示,"宽带检测"要向纵深发展,向移动端深入,切入友商腹地,于是"通信套餐我查查"大行动也开始啦。

以"通信套餐体检"名义接触用户,然后开始对用户套餐进行比算,最终实现用户转化。要求各片区经营单元,进驻全市1000余个小区进行"通信我查查"服务进社区活动。

"大哥,我们是滨海广田的,服务进社区,响应国家提速降费,给您做个通信体检,快来查查吧。"

"您报下您一家通信消费情况,您一个月消费100元,您爱人80,小孩50,两个老人50,这一算,您家话费一个月消费约280元。响应提速降费号召,给您办个广田199套餐,60G流量,1000分钟通话,500M宽带,还有广田数字电视,全家共享,一个月可以节省近100元话费,一年就省1200元,全部转过来还不用换号,操作简便,发个短信就能办理。"

第四十四章 "通信我查查"大行动

士隐带领销售人员进驻各小区进行"通信我查查"活动，现场再配些抽奖活动，送些小礼品，一天下来可以转化10来单，取得不错效果。

就在士隐准备乘势而上，加快进小区力度时，网上突然出现大量投诉贴，最热的一篇叫《以上门检查宽带为由，行推销光猫路由器之实》，文章说："上个月，有广田业务员，以上门查宽带为由向我本人恶意推销他们的路由器和光猫，说是免费检测，实际上检测就说你设备不好，要花299元换设备，大家不要上当"。

还有一篇《通信体检有猫腻，实际就是推销他们的199套餐》文章说："广田现在在各个小区摆现场，做通信检测，实际上就是推销他们的199套餐，一个月199元，送个设备给你，就把你捆绑两年，千万不要上当！"。

类似文章在网上开始大量涌现，一度成为热搜话题，"我查查"活动被迫下线。

百日百万

第四十五章
号卡流沙

这天周末,朱明松单独叫上曾士隐,说是要到各大卖场去看看。

再次来到果美卖场一楼手机柜台,朱明松还是问"有广田卡卖吗?"导购回答"要买广田卡,有啊,购机就送一张20G流量卡,内含200元话费。"

朱明松接着问:"我有广田卡,怎么办理呢?"导购说:"老用户办不了呢,你到营业厅先去注销老卡,再到我这里领200元新卡。"朱明松眉头一皱,说道:"我这号用了好多年,怎么能注销呢?"导购答:"那您就再办张卡呗,新号才有优惠。"

朱明松又带着士隐转了几个通信卖场,结果都一样,都是上新号享优惠,老号不行。朱明松问士隐是什么原因?士隐笑着答道:"老板,渠道要赚钱啊,新号才有返利、补贴,代理商都是唯利是图的,老号又不发钱,当然都会引导用户拆老号

第四十五章 号卡流沙

上新号啊。"

第二天，朱明松要市场部把各经营单元的发展流失情况做个效益分析，结果线下渠道中心流失率最高，经过一天的分析，具体得出四个结论：

一是线下渠道中心发展用户前三个月在网率高达80%，但从第四个月开始留存率出现断崖式下降。

二是一年发展30万户，到年底留存用户不到3万户，相当于年留存率不到10%。

三是一年各项酬金及成本补贴近3000万元，相当于有效用户户均补贴超1000元，发展效益极低。

四是对流失用户做进一步分析发现，超过60%的号码无通话行为，而对于有通话行为的用户，其主叫时长一般不超过3分钟。从激活IMEI来看，大量号码的激活IMEI一致，显示是用同一个机器激活。

最后市场部得出结论：该渠道存在疑似养卡行为。

随后市场部下发滨海广田市第15号通报文件《关于线下渠道中心代理商违规经营的通报》，具体如下：

一、基本情况

线下渠道中心代理商翼达通于3月1日~5月31日发展广田49大流量卡套餐1万件，至10月底，留存用户数量不足1000。

对流失用户进行分析，80%用户无通话行为，而对于有通话行为的用户，其主叫时长一般不超过3分钟。从激活IMEI来看，大量号码的激活IMEI一致，显示是用同一个机器激活。

百日百万

二、存在问题

上述代理商违背公司有效发展、高质量发展理念,存在套卡养卡等违规行为,套取佣金近100万元。

三、处理意见

1. 给予线下渠道中心通报批评,对负有直接管理责任的滨海东区总监龙跃进考核3000元。

2. 对上述违规涉及的佣金、成本进行回扣,涉及量、收全部剔除。

3. 对违规代理商翼达通暂停工号,处以10万元罚款。

4. 请线下渠道中心加强高效发展,加快发展模式创新转型。

这个通报文件一发,把杜春希吓出一身冷汗,同时也把副总钟慧惊醒了,因为市场部没有跟他汇报,就直接下文了,说明朱明松对他已经产生不满了。

当天晚上,杜春希在翼达通老总王士利开的私人会所里把钟慧请了出来,想听下钟总指示。

这间会所靠山临江,没有招牌、大门紧闭,老画、旧桌子、已无光泽的白玉……偌大的别墅,只有6间包间。卤水鹅肝、苦菊桃仁、蒸龙虾仔、黑松露炖水鸭、南非网鲍、桃胶炖木瓜雪莲子……不需自己点单,相熟的服务员已经为客户配好了菜,每盘都是小小的一人份,钟慧、杜春希两个人消费近2000元。

会所入会门槛是20万元,餐费直接从中扣除。为了把宅子"修旧如旧",装修费就花了1000万元;原料都讲究产地,

第四十五章　号卡流沙

海参一定是獐子岛的，鳕鱼一定是澳洲的。

会所背靠山地，有重要的车子进来，都往山上引，谁也看不见。设有独立的专用电梯和楼梯，打造了4个通道。

会所所有的服务员，都是空乘专业的，也就是准空姐，王士利对她们的要求是让客人觉得整场好像没有服务员，但任何需求都被照顾到。比如客人只是下意识地摸了摸口袋，一个眼神、一个动作，服务员就要领会，是不是要前去点烟？

杜春希正陪钟慧吃着，钟慧说道："你是怎么管理的，出这么大的漏洞，怕是朱明松这回不会轻饶啊。"

杜春希忙赔罪道："老大，这不能怪我呀，您要我冲业绩，下几倍高的任务，现在每个人都几个号，哪还有那么多的人买号卡呀，只有要老王帮着拉人头开号冲量啊。"

正说着，王士利进来啦，笑呵呵作揖道："哎呀，钟总，杜总，两位领导，又给你们添麻烦啦。"

钟慧说道："王总啊，你们是怎么弄的，说是套取公司返利近百万，这回被朱明松抓个证据确凿，把我也卖了啊。"

王士利答道："我的钟总啊，这回可真冤枉我啦，是杜总要我帮他冲量开号，这100万元连养号、拉号、激活、养人工的钱都不够啊，说是还要罚我，我真是苦啊。"

杜春希在旁边急忙道："老王，别叫苦啊，快跟钟总汇报下你的转型大计。"

王士利叫服务员出去，关上门，说道："钟总，我开这个会所，认识几个做金融的，说是可以给我们贷款，我琢磨着可以跟我们的通信业务结合起来，做征信分期，这样就可以提升我们的号卡在网率。"

钟慧一听,来了兴致,说道:"具体怎么操作呢?"

王士利说:"这个贷款公司叫桔信分期,我们的广田99套餐,申请两年补贴50%,也就是1200元,2年期利率在25%,可以送个900元成本价,零售价在1100元左右的手机,用户签订2年在网协议及桔信小额分期协议,只有用户在网,我们每个月自动帮用户还分期,用户离网,就要还清贷款,否则影响用户征信,这样用户离网率就会大幅下降。"

钟慧听完,问杜春希有什么意见,杜春希补充道:"钟总,金融征信就像一个筛子,会帮我们把信用低的用户挡在外面,信用高的用户留在网上,同时可以带动终端销售,可以作为我们下步销售转型的方向。不过,对于渠道侧,启动初期,为调动代理商积极性,建议加大佣金及补贴力度。"

钟慧说:"99套餐,返利10倍,够不够?"王士利连忙答道:"感谢钟总支持,我们定当辅佐您和杜总这边,加快发展,加快转型。对了,钟总,这个活动一旦启动起来,桔信这边需要投入大量的资金,一台机子1000元,1万台就是上千万元,需要广田这边提供个担保函,这样他们才敢大规模放款。"

钟慧说:"你们到时候提交个协议过来吧。"

第四十六章
0元领5G智能机重出江湖

第二天,杜春希专门向朱明松进行了汇报,一是承认错误,管理失察,造成代理商钻政策漏洞,虚开号卡;二是对涉事代理商及人员按公司要求进行处罚,绝不姑息;三是积极整改,以金融分期为抓手进行销售转型,全面聚焦高质量发展。

朱明松点头表示认可,说了一句:"可以先试点,有成效后加快规模推广复制。"

得到朱明松认可后,杜春希要王士利又注册了一家公司叫桔信科技,专门用来发展分期送手机业务。

紧接着,"0元领千元5G手机"的活动在滨海各大媒体开始宣传推广:新上广田99套餐,每月20G流量+300分钟通话,2个号共享,保证在网两年,再办理桔信分期消费贷就可以领取价值1199元的5G手机一部,指定办理渠道为桔信科技。

"0元领手机"其实不是什么新玩意,十几年前运营商就开始在做了,所以这个活动上线一周后,反响并不好,一天就办个几台手机,都是在王士利自己几家通信店里办出去的。

杜春希给龙跃进和武媚都下了销售任务,要他们每天销量要快速破百。武媚建议一是要扩充销售渠道,目前仅在王士利的5家店面销售,客户接触面太窄,要覆盖到滨海所有大型手机通信店面;二是要叠加一线激励,都用王士利的工号办理,王士利就要把返利进行前置,调动一线人员积极性;三是要加强培训,简化销售流程,现在办一单分期业务要1个多小时,销售导购不愿意推,客户不愿意等。

杜春希说:"我只要结果,其他你们自己定,王士利那边会全力支撑的,有问题你们找我。"

武媚来到线下渠道中心滨海南区负责销售,远离原来办公室的钩心斗角,她早就想大展一番拳脚,眼前这个桔信分期,她认为是个很好的机会,所以跃跃欲试。

她知道滨海南区的合胜科技是个很有实力的通信商,下面手机卖场有10多家,一个月手机销量逾2000台,但前期主要是跟麦通合作,正好借这个机会,可以去谈下。她先找到合胜科技的操盘手关小茜,一般通信卖场都有一个操盘手负责与各运营商进行洽谈合作。

关小茜说:"武总,我们合胜科技是麦通公司的核心代理商,一年在麦通公司的佣金返利有上千万,跟你们广田合作不妥吧。"

第四十六章　0元领5G智能机重出江湖

武媚说："关姐姐，我初来乍到，你就帮帮忙啊，再说我们这个分期政策跟麦通公司的不冲突吧，我们帮助你们卖手机，麦通主要是做号卡。"

关小茜拗不过武媚，只得答道："先在我们的滨海南区分店上个人试试吧。不要跟其他人说啊，被我们老板知道了，那就不得了了。"

第二天，武媚就带着王牌销售林凡去了合胜滨海南区店，关小茜把她介绍给了店长王西，说是派个人帮我们推手机。

店长王西就把她们安排到了OPPO柜台，柜台里有个OPPO厂家派来的促销员，武媚要林凡买了两杯奶茶，递给促销员一杯，跟她套近乎："妹妹，我们是过来帮你推手机的，1000元手机帮我们分期可以直接送，只要上个广田号就成。"

那促销员没有接奶茶，说道："这边给我下的都是麦通的号卡任务，怎么又来个广田号，别影响我卖手机啊。"说完正好来个客户，就给客户介绍OPPO手机，武媚跟上去，说了句："先生，买手机吗？办广田号可以免费领手机，不要白不要啊。"旁边促销员补上一句："那都是要套你信用办分期的，骗人的，来，现在买OPPO手机可以送张200元麦通号，还有小礼品送，给您详细介绍下。"

促销把这个客户办理完后，说道："叫你们不要瞎说就不要瞎说，把客户弄跑了，怎么办，去去去，别在我这边捣乱。"

武媚第一次上一线，哪吃过这种亏，但还是忍住没发作，想起士隐上次在动员会上说的:"不哭泣,不放弃,坚持到底!"她又改变策略,要销售员林凡上,同性相斥、异性相吸嘛。小帅哥上场果然效果不一样,终于有了好脸色,促销员答应中午一起吃饭。

世上就没有一顿饭解决不了的问题,一顿不行就两顿。

一顿大餐加上林凡的天花乱坠一顿捧,促销员终于同意在完成麦通下达的任务后允许武媚她们推桔信分期。

下午又来个客户,促销跟他推的是最新款手机 OPPO Reno7,骁龙778G 处理器,超感光猫眼镜头,6400 万大师人像三摄,航天级星雨光刻工艺,来电时,像星环一样在夜空中闪烁,客户说送女朋友,对这款机型很中意。一问价格,8 + 128G 版 2699 元,客户有些犹豫。这时武媚在旁补充一句:"先生,看您这么有心,正好我们这有个活动,可以直降 900 元,相当于只用 1799 元就能买到,您需要了解下吗?"

客户一听来了兴趣,连忙问道:"怎么参加呢?"武媚说:"很简单,办个广田 99 套餐,在网使用 2 年,就可以申请帮您直降 900 元。"

"可我有蜗动的手机号啊,一个月 98 元。"

"这个不要紧,现在全国都在推携号转网,您不换号就可以转到广田来,相当于每个月消费不变,就可以优惠购手机。您直接发短信'SQXZ#姓名#证件号码'到蜗动客服号就会收到一个授权码,凭授权码就可以转过来。"武媚一鼓作气说了一通。

客户说:"好吧,给我办个吧。"

第四十六章　0元领5G智能机重出江湖

就这样,第一单桔信分期就这样诞生了。促销员见这个业务真能帮她卖手机,积极性也高了,主动跟武媚她们一起推桔信分期。几乎每天都能开单,武媚还把宣传海报在OPPO导柜布置起来,上面几个醒目大字:办广田99套餐,免费领手机。宣传一布置,买手机客户还主动过来咨询,销量节节攀升。

正赶上"双12"促销,武媚多拿了几份海报,把旁边VIVO、小米等几个柜台也布置起来,准备大卖一场。

"双12"当天,正当武媚在各导柜帮着推桔信分期时,合胜科技老板杨自立带着麦通公司渠道部领导到滨海南区店来视察。

逛到OPPO导柜旁,麦通公司领导看到了"办广田99套餐,免费领手机"的宣传海报,皱起眉头问道:"杨总,什么时候跟广田公司开始合作?你这店面租金补贴可是马上到期了"。

杨自立也是一脸诧异,一边解释说:"没有没有,肯定是误会",一边把店长王西叫来:"这哪里来的广田的宣传,赶快撤掉!"

店长王西一见老板发火,赶紧让人把广田宣传都撤下来,说道:"老板,是关小茜关总介绍过来的。"

杨自立说:"小茜人呢,胡闹,考核她1个月绩效,要她赶快来见我。"

处理完人后,杨自立又过来给麦通的领导赔礼,说道:"李总,误会,都是下面人胡闹,放心,我会严肃处理的,走,带您到旁边喝茶去。"

旁边武媚还在推荐广田套餐,转头见宣传被下架了,忙问店长王西什么情况,王西见到武媚,说道:"你赶快走吧,被你害惨了,老板都发火了,你把关总也连累了。"

武媚被赶出合胜科技,想起给关小茜打电话,电话嘟了一声就被挂掉了。

第四十七章
拜会杨自立

武媚想到众多努力打水漂儿,后面可能还得收拾烂摊子,这么多天的委屈也涌上了心头,哇地一声哭了起来,一边哭,一边给曾士隐打电话,士隐接到电话,听见武媚在里面哭,忙问:"出什么事呢?"武媚把在合胜科技拓展桔信分期遭驱赶的事情原委一股脑地说给士隐,士隐安慰武媚说:"别急,武媚,我来找杨自立,放心吧。"

放下电话,士隐又给华位滨海办事处的老总刘雄打了电话:"刘总,老同学,合胜科技的杨自立熟吗?"

刘雄说:"老曾啊,杨自立熟啊,是我们368的一个客户,怎么啦,需要我帮忙吗?"

"没事,帮我约下,想跟他谈下合作,还有他业务发展如何,跟我简单说下……"

第三天,刘雄带着曾士隐和武媚去拜访杨自立,合胜科技在滨海江边写字楼滨海国际商务中心18楼办公,门口保安登记，领取门禁才能进入。

来到18楼，杨自立在门口迎接，众人寒暄后进入会客室，刘雄向杨自立介绍道："杨总，这边是广田公司的曾总监与武总监，我的老同学，过来跟你洽谈合作。"

杨自立说："刘总介绍过来的，肯定欢迎，不过，不瞒诸位，我公司一直是跟麦通公司在合作，上次下属店面私自引入广田公司还被麦通公司考核1000元。"边说边对旁边的操盘手关小茜瞪了一眼。

曾士隐说道："初次登门拜访，大家都在一个圈子里干活，杨总不要一开始就把话说死嘛，据我所知，合胜不光在与麦通合作，和蜗动、迪信公司也都有合作嘛，俗话说多个朋友多条路。"士隐开场白比较场面话。

杨总听后笑道："看来曾总是有备而来，不知想如何合作呢？"

士隐说："杨总，广田现在推的桔信分期这个产品，其他三家都还没有，所以说我们跟他们实际上不存在竞争，而且我们的产品是直接帮您和刘总这边卖手机，给的佣金奖励也比其他人高一倍，您卖一张麦通99套餐，返利才200元左右，帮我们广田99桔信分期，手机可以折价900，给您这边返利至少有400元。"士隐开始给杨自立算账。

杨自立听后，问了问旁边的关小茜："广田给的返利有这么高吗？"关小茜回答："是的"。杨自立骂道："这些事，怎么不跟我说呢。"关小茜连忙赔不是。

曾士隐看出杨自立这个人喜怒无常，有奶便是娘，说

第四十七章　拜会杨自立

道："我们武总跟关总这边没有沟通清楚，前期造成些误会，所以今天我把刘总请着一起过来，希望能够进一步合作，从滨海南区分店铺开，与您旗下 20 家分店进行全面合作。"

杨自立说道："曾总，说句实话，刘总介绍过来的，我肯定想合作，不过您也知道，我那个滨海南区分店一年租金就 50 万，麦通公司给我补了 50%，如果跟您合作，我那边房租补贴肯定泡汤了。"杨自立还想捞笔房租补贴。

曾士隐认为杨自立太贪，但没有表露出不满，说道："杨总，我给您算个大账，您这个滨海南区店一个月手机销量大概 800 台，我按 30% 做了我们桔信分期测算，就是 240 台，一台返利 400 元，一个月就有 9.6 万，远高于麦通一个月的房租补贴，当然你总体销量达到一定规模，我们武总监可以再向公司给您申请房租补贴。"

杨自立一听，眼睛放光，说道："曾总，你说达到多少量。"

曾士隐就等着他这句话，说道："您 20 家店一个月终端出货量至少 3000 台吧，我们只要 1000 台的量，应该不高吧。"

杨自立立即说道："就 1000 台，小茜，下个月给所有店面下达 1000 台桔信分期任务计划，店员完成任务每台奖 100 元，没完成扣 200！"

关小茜答道："好的，老板，立即下达计划，不过，由于是新政策，可能需要广田这边派人进行培训支撑。"

旁边武媚答道："没问题，我们可以上 10 个销售督导驻店进行培训支撑。"

"好，那就预祝杨总手机大卖，我们合作愉快！"士隐伸出手与杨自立握在了一起，武媚在一旁会心地笑了。

第四十八章 多点开花

合胜科技把1000台桔信分期的任务下达至20家店面，奖惩办法一明确，士隐要武媚把合胜所有一线促销人员组建一个群，设计晒单奖，只要办理业务成交一台就在群上晒单，然后安排人员发红包，当场兑现，一线人员积极性很快就调动起来。士隐还鼓励各一线人员分享销售案例，快速推广复制。

滨海南区OPPO导购驾轻就熟，第一个贡献案例：先问用户一个月话费多少，超过100元的，不是广田号码的，都可以办携转转到广田99套餐，手机就可以直降900，用户觉得占了便宜。不过，用户反映家里还有迪信宽带，如果能一起转过来就更方便了。

武媚发现这一信息，马上跟杜春希汇报新增了一档199广田分期套餐，带广田300M宽带，直降金额高达1900元。

这一套餐一经推出，桔信分期活动更火爆了，滨海西区的销售马上贡献一个案例：

一对小夫妻进店，先是咨询苹果手机换屏，了解到维修成本过高后，导购跟他们推换新手机，通过聊天知道夫妻俩用的都是麦通的手机号，先推广田99，换了个苹果手机直降900，再聊家里还有宽带，一家通信消费近300元，可以推199分期套餐，但手机款已经结了，还能再减个1000元的产品；又了解到家里有三岁的孩子，比较实用的是小天才早教机1280元，用户加280元就可以换购了，小夫妻很满意。

滨海东区店也不甘示弱，客户过来看中一款科大讯飞10.3英寸电子书阅读器，原价4888元，店员问客户每个月话费消费多少？客户回答200元以上，店员马上意识到可以做桔信分期活动，客户现在用的是蜗动的198套餐，正好可以转成广田199套餐，直降1900元，但携号转网一查，显示有协议，需要到蜗动营业厅去注销协议，这时旁边的广田驻店销售督导上场了，说道："您可以先在这边上个广田199新号，等您下个月把蜗动号协议注销了再给您上个副卡加入广田199套餐，副卡免费，这样不影响您现在参加活动享受1900元折扣优惠。"这句话一说，客户觉得不错，就新开了张卡加入广田199套餐。

还有一个案例更绝，抓住了话费报销用户的"痒点"：用户进厅首先询问办什么业务，用户说想把套餐改改，流量不够用，在系统识别用户身份证后，导购又和用户沟通了一会儿套餐内容，告知用户办个199套餐还可以送部手机，用户当时反应还挺大，直摆手说："不要不要，手机太多了，还要充钱的吧，我不用，话费都是报销的！""报销的？那您更适合这个业

第四十八章 多点开花

务，首先不需要您充很多钱，200块钱立即到账，还能打印发票，公司直接报销，然后，还不影响您以后每个月继续报销套餐的199块钱，直接送一部2000元手机。"用户当时态度和眼神就缓和了许多，店员继续跟进说只是我现在需要帮您测一测，您可不可以办理，用户说我信誉特别好，应该没问题，最后审核通过，而且额度挺高的，告诉用户的时候，用户得意地说："给你们讲了，我信誉特别好的，肯定能享受，那就办理吧"。

各种销售案例、营销话术在合胜科技销售群里进行分享，复制推广，一线人员由一开始的抵触排斥桔信分期，到后来的尝试推荐桔信分期，再到后来主动推荐桔信分期，整个销售氛围越来越好。

桔信分期的量一下子被滨海南区的武媚给打开了，杜春希及王士利见了，都欣喜不已，亲自到武媚拓展的合胜科技滨海南区店去观摩，还把龙跃进叫过来大批一顿，取笑跃进已经被一个"女流之辈"远远甩在后面。

龙跃进当场很不服气，但还是笑呵呵对杜春希说道："杜总，您放心，我们滨海东区立即向南区武总监学习，加快发展桔信分期。"

龙跃进后来找到王士利，想要王士利支持下，王士利说："办一单分期99套餐，我一年累计返利1000元，给武媚的返利是500元一单，看在你小兄弟面上，我给你900元底价，量再做不起来，那我就没办法啦。"

百日百万

第四十九章
组建地推团队

  龙跃进拿到 99 套餐 900 元底价、199 套餐 1800 元底价后，就想着如何发展桔信分期快速起量。

  这天，他逛到一个商场门口，看到围了一堆人。里面有一个大的展台，堆满了礼物，有小汽车、狙击步枪、洋娃娃还有大提抽纸，旁边有个海报写着"下载快手 APP 免费领礼品"。

  龙跃进走上前，就有个工作人员上来说："兄弟，下载快手 APP 没？"跃进答："没"，工作人员马上说："下载一个激活，现在就可以选个礼品带走。"龙跃进下载了一个快手，注册激活后，果然领了一个小汽车，后来又被拉进一个快手注册用户群，群标号 98，里面有人说："每天进去快手看 10 分钟，打个卡，连续 7 天，可以再送个杯子。"然后群里注册快手的用户，每天按要求打卡后上传图片，连续 7 天后，填写家庭地址，就会有快递送个杯子到家。

  龙跃进一琢磨，觉得桔信分期也可以这样操作。说干就

第四十九章　组建地推团队

干,联系上对方团队负责人小赵,说:"跟我干桔信分期,一单最高返 800 元,还送一部千元手机。"小赵一听带着手下 30 号人就过来了,内部设定奖励方案:一是没有底薪,干一单桔信分期返 300 元;二是一个月 10 单以上加返 100 元,20 单以上加返 200 元,月收入过万;三是每天要接触客户 100 个,添加微信好友 50 个,完不成每个扣 10 元。

再就是招人,筛选方式简单粗暴,比如要年轻人,最好社会经验不多,家境不好的、经济窘迫的、渴望赚钱翻身的、渴望孝敬父母的、个性不太强的,只要够拼就可以进来。

其次是入职培训,这个培训就像是会议营销一样,只不过目的是要这些人不仅加入工作,还要心甘情愿地选择销售的职位。大概的流程是讲一些桔信分期的发展前景、行业情况,以一些成功案例唤起这些人的焦虑感与崇拜感,在这一步,心动的人留下了,觉得自己上当的人走了。

最后就是会议制度。每天早晚激励会,每天小会、每周大会、每季度大型培训会、年底年会,这些会不断地灌输一些概念,包含没有卖出去产品只有卖出去人的概念、金牌销售的传奇故事等。虽然不至于像非法传销一样,但还是形成了一个相对封闭的文化圈,而在这个过程中本来就没有销售资质的人被淘汰了。剩下的人都是既有野心、也有能力的销售人才。而他们的欲望被放大,又被告知只有眼下的这个平台才能够满足,他们渴望着成功,他们天天听着成功的故事、看着身边成功的榜样,他们的脑子想的也都是这个,他们是所在公司忠实员工,是所从事职业虔诚的信徒,他们觉得自己做的事情有着非凡的意义。

靠着小赵一顿操作猛如虎,龙跃进的团队人数迅猛扩张,由最初的30人不到,两个月就发展到了100人的规模,销量也是节节攀升,一天桔信分期量能够过30单,月销过千单。

第五十章
区域 PK 赛

随着桔信分期销量逐步提升,杜春希信心大增,上报给钟慧,钟慧又拿出他的老套路,组建微信攻坚群。滨海广田各销售部门包括线下渠道中心东区、西区、南区、北区、中区,自有渠道中心 1 部、2 部、3 部、4 部、5 部、6 部,郊区一部、二部、三部、四部,总共 15 个区的销售总监全部进群,群名"滨海广田桔信分期攻坚群"。

钟慧上午 9 点在群里首先通报:桔信分期经过滨海南区及滨海东区两位总监实践,已取得突破,现在全地区全渠道推广,请各总监快速接应!

马上东区龙跃进在群上表态:感谢钟总鼓励,滨海东区将在公司指导下继续加快突破!再附 3 个"举拳头"的表情。

南区武媚也跟着"举拳头"表态。

其他区域其他部门总监见状也纷纷跟着"举拳头"表态:向东区、南区总监学习,加快突破!

士隐见状，也跟着"举拳头"，于是群内15个"举拳头"纵向一字排列，一行3个，总共45个"拳头"代表着15个总监的表态与决心。

但光有表态是远远不够的，钟总要的是结果。紧接着，下午3点，钟总又在群上发了一条消息，是一张截图，打开一看，是自营1部总监在他们自己群上的晒单，标注"自营1部三桥厅桔信分期突破第1单，订单号1320222483"。

一图惊起千层浪，15总监浪打浪。3:10，滨海东区龙跃进在群上报告：截至3点，滨海东区突破桔信分期15单，订单号如下……继续加油！

滨海南区武媚也不甘示弱，紧跟晒单：滨海南区突破桔信分期13单，订单号如下……，继续加油！

钟慧总立马@龙跃进及武媚，点赞大拇指。

其他总监坐不住啦，3:30郊区一部总监晒单：郊区一部实现桔信分期破零，继续加油！

3:40自营2部总监晒单破零，3:50、4:10、4:30又有几个总监在群里破零晒单。

4:45，钟慧总用他的手机备忘录记录：

滨海东区15单

滨海南区13单

自营1部1单

郊区一部1单

自营2部1单

郊区三部1单

第五十章 区域 PK 赛

郊区四部 1 单

滨海北区 1 单

他把记录也发到了群里,并写下:破零区域已过半,请其他区域快速破零!

其他未破零的总监跟曾士隐一样,都像热锅上的蚂蚁,盯着手下的厅店及销售员,奖励从最开始的 10 元首单奖涨到现在的 100 元,还是没有厅店破零。

士隐忍不住又跟下属王牌销售员东皮打电话:"喂,东皮,破零没?还没,什么情况?厅店没人?没人不知道去街上找啊,6 点钟还不能破零,你小子今天别想下班!"士隐一反常态,甚至有点歇斯底里了。

到了 6 点钟,剩下 7 个区域又有 5 个总监晒单破零,士隐这边自己销售群里,50 家厅店,近 100 个一线人员,没有一个人说话,像寂静的黑森林一样可怕。

士隐等不及了,只得跟王士利打了个电话,电话那头传来麻将声,王士利大大咧咧声音传来:"哎呀,曾总,正准备杠上开,被你电话打跑了啊,都几点啦,你还不下班啊。"士隐恨不得冲过去把他桌子砸烂,压住怒火说道:"老王啊,你弄个桔信分期出来,全公司所有总监都忙着大战,你倒轻松,在外面打麻将?"

王士利答道:"曾总,弄个桔信分期出来也是帮你们广田发展业务嘛,好多其他地市的老总听说这个产品,都要我到他们地市去发展,条件由我开啊。"

士隐不想跟他废话,打断道:"老王,不扯犊子啦,今天公司要破零桔信分期,要你的厅店在我区域赶快办一单。"

"就是破零嘛,曾总,你早说啊,我帮其他区域总监已经办了好几单啦,一单奖300元,我马上派人给你办!"王士利答道。

"300元,老王你是抢钱啊?"士隐怒火中烧。

"300还高,这是看在我们交情份上,其他区域都是500一单,办不办?不办,我继续打牌啊!"王士利笑道。

士隐心里把王士利祖宗问候三遍后说道:"300就300,7点前要受理完成啊。"

挂完电话,士隐想着就一肚子气,但别说,老王说到做到,6:30,只见士隐内部滨海西区销售群里的王士利的一家厅店鸿达厅在群内晒单:桔信分期第一单破零,订单号:1320222535。

士隐赶紧在"滨海广田桔信分期攻坚群"回复:滨海西区桔信分期破零第一单,订单号:1320222535,继续加快突破!

一发完,士隐瘫坐在沙发上,长舒了一口气。这时手机突然又收到一条消息,是王士利的鸿达店长,说道:"曾总,我们王总说首单奖有300元呢,谢谢啊,么么哒。"

士隐想把手机砸出去,没忍心,给她转账300元红包,把手机给关了。

瘫在沙发上他竟然昏昏沉沉地睡着了,一觉醒来,已是晚上10点,士隐揉着眼睛把手机打开,一看攻坚群里竟有几十条消息未读。

第五十章 区域 PK 赛

9:10,钟慧又把他的备忘录信息更新了一遍发了出来:

1月10日桔信分期受理通报(截至晚9点)

滨海东区 28 单

滨海南区 20 单

自营 1 部 1 单

郊区一部 1 单

自营 2 部 1 单

郊区三部 1 单

郊区四部 1 单

滨海北区 1 单

滨海中区 1 单

自营 5 部 1 单

自营 3 部 1 单

郊区二部 1 单

自营 4 部 1 单

滨海西区 1 单

15 个总监,就只有可怜的自营 6 部总监还没破零。6 部总监立马在通报后面跟了一句话:报告钟总,自营 6 部正在持续破零攻坚中,争取今日破零!

钟慧马上在群里@自营 6 部总监,"不是争取,而是确保破零!"

6 部总监马上回复:收到,钟总,确保破零!

过了 10 分钟不到,6 部总监晒单:自营 6 部桔信分期第一单突破,订单号 1320222548。

士隐又收到王士利发来一条信息,上面是一个微信截图,显示6部总监给王士利的转账红包500元,王士利还补充一句:曾总,没骗你吧,其他人都是500一单。士隐骂道:我去,还真是500一单,老王你够黑的!

晚10点钟,钟慧又在群里发布指令:今日15名总监全部实现破零,给你们点赞!从明天开始,各区域要向滨海东区、南区学习,破10单、破20单、破30单,继续突破!

"收到,向破10、20、30单突破!"

"收到,向破10、20、30单突破!"

"收到,向破10、20、30单突破!"

"收到,向破10、20、30单突破!"

……

群上15名总监又开始刷屏了。

第五十一章
桔信分期路由器 0 元购

龙跃进的桔信分期地推团队在业内的影响力逐步增强,越来越多的人加入进来。王士利在桔信科技公司下又成立一家公司叫滨海桔信分期科技企业(有限合伙),注册资本 10 万元,王士利作为普通合伙人,把杜春希的姐姐和钟慧的妹妹作为有限合伙人都拉进了这个公司,再用这个桔信分期有限合伙企业控股了桔信科技有限责任公司。

这一番神操作,背后一定有金融高手指点,因为有限合伙企业的好处是不言而喻的。首先,传统有限责任公司除了要缴纳企业所得税,公司股东还需要缴纳个人所得税,也就是双重缴税。有限合伙企业只需要缴纳合伙人的个人所得税,不需要缴纳企业所得税。企业成本大大降低。

其次,公司制要求同股同权。通俗点说就是谁出资最多、占的股份最大、就听谁的,凡事都要股东大会表决,可是在初创公司里,出资最多并不意味着企业管理能力最强,很多投资者仅仅是希望获得投资收益，至于公司如何管理，更需要有专业性较强的人士来操作，有限合伙制就是GP（普通合伙人）+LP（有限合伙人），企业管理权和出资权分离，自主性很强。

龙跃进按照王士利的指示在桔信分期上开发出一款新的产品叫"桔信分期路由器0元购"。一开始龙跃进对这款产品设计不是很理解，但杜春希跟他打招呼说："按着王士利的指示办就行。"

这个0元购产品宣传是这样的：用户下载桔信分期APP，注册会员，花299元购买桔信路由器，同时再新开通广田99套餐包20G流量，办理桔信分期，号码免费用2年，就可以于次月在桔信分期APP中收到299元返还款，可提现至绑定的银行卡上，相当于路由器0元购，这个路由器标价299元，如果不使用，在第三个月可在桔信分期商城上进行回购，回购金99元，相当于投入299元新上个号，3个月就可以赚99元，年化收益率达132%，299元次月还返给你，产品一推出，就异常火爆。

王士利借着新产品上市，开始在各大网站、微信朋友圈进行招商，宣称只要加入桔信分期，很短时间就能买房买车迎娶白富美、走上人生巅峰，诱导大家成为代理。

桔信分期宣称不仅自己销售产品可以赚钱，邀请朋友加入，朋友再邀请朋友，都能赚到钱，他们称之为"一生二，二生三，三生万物"，还通俗地称为"子子孙孙"。

李女士是经朋友介绍成为桔信分期0元购产品代理的，而

第五十一章　桔信分期路由器 0 元购

且据她了解，大部分成员都是亲朋好友相互介绍加入的。当时朋友说代理桔信分期的产品，一个月少则挣十几万元，多则几十万元。当初朋友还给她发了很多截图，内容多是早前加入的代理现身说法，证明自己在桔信分期挣了很多钱，几个月就有能力买房买车，李女士也因此心动了。

微信群是王士利桔信分期维系"子子孙孙"代理体系的主要方式。"我们都有微信群，他们（王士利）经常在微信群里跟我聊天，对我特别特别好"李女士说。她代理桔信分期后，加入了无数个群，多到数不过来，每个群都是满的，营造的氛围特别好，感觉大家像家人一样。这些群一般用来教大家如何发朋友圈、如何发展成员、公布销售喜讯等。

李女士花了 9998 元加入会员，成为代理以后，得知只要发展 100 个人，连续三个月她和她的直系代理每月业绩达到 10 万元，就可以成立自己的公司，成为公司创始人，这样李女士的"子子孙孙"购买产品，她就能拿到 2.5%～5% 的提成，而且公司还承诺这个创始人能世袭。

为了获得高比例提成，李女士只能玩儿命地囤货，每天发了疯似地拉人、注册会员、销售产品。时间一长，她发现代理商之间也有价格竞争，为了挣后边的"大钱"，只能低价吸引别人从自己这里"拿货"，最多时她自己发展过上百人。

龙跃进靠着这种金融"微商"模式重整旗鼓，桔信分期销量出现暴涨，很快一天销售量就突破 100 单，一个月过后，日销售量突破 300 单，在各大区域销售中可谓是遥遥领先，独占鳌头。

曾士隐觉得龙跃进的大好销量背后肯定有猫腻,就向跃进问询,龙跃进说:"这是王士利创新的一种销售模式,属于跨界营销,背后有金融资本投资,实力很强大,降维打击,很不得了。"

士隐问"用户花299元返299元,还得一个99元路由器,还可以免费用2年99元套餐,2年套餐费就要2376元,这个钱谁出啊?"

龙跃进说:"这叫科技创新,羊毛出在猪身上,狗来买单,只要有用户规模,就有风险投资源源不断进来投,说多了你也听不懂,士隐你OUT啦。"说完就挂断了电话。

第五十二章
第一笔项目收入

还是在王士利的会所里,钟慧、杜春希又秘密聚在了一起,王士利给两位合伙人汇报着这一个月来桔信分期的盈收情况,桔信分期累计办理3000户,其中新推出的桔信分期路由器项目就办理了2000户,收取设备款$299 \times 2000 = 59.8$万元,办理桔信分期套取现金$900 \times 2000 = 180$万元,首月佣金$99 \times 60\% \times 3000 = 17.82$万元,代理会员发展300个,收取会费$300 \times 998 = 29.94$万元,现金收入合计287.56万元;杜春希听后眼光发亮,钟慧不形于色,心里也是笑开了花。

紧接着王士利报告现金支出有三部分,一是办理桔信分期给一线业务员销售提成,平均300元一单,提成支出90万元;二是采购路由器设备一台99元,设备采购19.8万元;三是用户套餐使用费一个月99元,$99 \times 2000 = 19.8$万元;四是线上推广费用一天1万元,花了30万元;五是代理商会员发展业务近600单,业绩提成3%,$600 \times 299 \times 0.03 = 0.54$万元,现金支出合计 160.14 万元，杜春希一听又大吃一惊，一个月花了 160 多万元啊。

王士利最后说道："钟总、杜总，我们这都是无本套利，一个月盈余约 127.42 万元，按照约定，你们各提 20%，每人可以提 25 万元，这是用你们姐妹名字开户的银行卡，密码是你们的手机号后 6 位，钱已经帮你们存上去啦。"说着，王士利给钟慧、杜春希递上两张信封包着的银行卡。

一个月就是 25 万元，这才是刚开始推广，再过几个月就会变成 50 万元，甚至 100 万元，杜春希赶忙伸手接住这个信封，说道："老王，还是你头脑灵活啊。"

钟慧望着眼前这个信封，感觉沉甸甸的，像块金砖，但感觉又像块要命的板砖，犹豫地问道："老王，你这样操作，是不是有风险啊。当初，你可没说要推广什么路由器 0 元购啊。"

见到钟慧犹豫，王士利急忙说道："我的钟总啊，你也看到了，传统的桔信分期卖手机只能赚些返利，哪有 0 元购项目来钱快啊。再说这个项目只要一直滚动下去，根本就不存在什么风险啊。"

钟慧继续问道："你对外宣传 99 元套餐免费用 2 年，这一项就要付 2000 元啊，套取的贷款根本是包不住的啊。"

王士利说道："我的钟总，您还是研究市场营销的，这叫借杠杆呀，要不然，怎么赚钱啊，您放心，我还在找风险投资进行融资，等做到 100 万户，我们就可以上市了，到时发行 1 亿股，像这种科技公司，估值至少 100 倍，我们就身价 100 亿啦。"

第五十二章　第一笔项目收入

杜春希一听身价百亿元，激动起来，也帮王士利把信封递到钟慧手中，补充道："钟总，您就放心吧，老王后面有个金融团队，专门帮人包装项目上市，只要这个政策不停，我们就等着发财吧，到时候您在不在滨海广田都不重要啦。"

钟慧这时说道："老王，你要答应我个条件，这桩买卖我才会支持你继续做下去。"

王士利拍着胸脯答道："钟总，您尽管发话！"

钟慧毕竟是从市场部总监出来的，做事比较沉稳，他说道："我要你每一笔利润提30%出来作为风险保证金，存入指定账户，用于应对挤兑及用户套餐月租费等突发情况。"

王士利犹豫了一下，答道："可以，钟总，按您要求办，这一笔利润127万元，我提30%就是38万元风险保证金，您放心了吧。"

钟慧深吸一口气，收下了那张沉甸甸的卡，他知道这一刻起，他的命运就跟王士利他们绑在一起了。

百日百万

第五十三章
代理会员费疯涨

王士利的商业头脑在桔信分期路由器0元购这个项目上发挥得淋漓尽致,他竟然打通了几大电商平台,桔信路由器登上了东东、宝宝及拼夕夕商城,销售方式还是299元购买,次月返还299元,统一宣传为"0元购,买就返299元!桔信路由器:千兆双频,强到可穿墙!"

很快东东、宝宝各大商城的路由器榜单都被桔信路由器占据,王士利把这些销售数据在他的代理会员招募群里不停转发,代理会员数也是一路高歌猛进,伴随而来的是代理会员费水涨船高,从最开始的998元一个月时间就涨到9998元,翻了10倍。

王士利要龙跃进专门组建近50人专业团队,负责两件事,一是代理会员招募咨询,二是给所有0元购用户开通桔信分期。龙跃进问老王:"开通桔信分期900元购机款要买手机吗?"王士利告诉他:"这些都不用管,只负责线上指导用户

第五十三章　代理会员费疯涨

开通桔信分期就完了。"

龙跃进又把这个疑问报给了杜春希,杜春希也是同样回答:"按照王士利的要求办就完了,这是在帮你冲桔信分期业绩啊。"于是龙跃进就按照王士利指示组建团队给用户开通桔信分期。

曾士隐也一直在关注桔信分期发展,包括最新上线的桔信路由器0元购。这时武媚打电话来问他:"这个桔信0元购代理会员靠谱吗?我妈妈听亲戚说很赚钱,也想参与,问会员费9998元能不能打个折。"士隐答道:"这个项目有风险,叫你家人不要碰。"说完,士隐拨通了朱明松的电话,想就桔信分期项目做个汇报,朱明松说:"电话里不方便,你到我办公室来吧。"

士隐急忙往朱明松那里赶,路上又接到平小薇的电话,自从小薇嫁给滨海首富杨志后,这还是第一次给士隐打电话,"士隐,好久不见啊,我听说你们公司最近推出个桔信分期路由器0元购项目很火爆,还在网上找代理会员啊,我前段时间卖保险感觉好无聊啊,想换这个代理做着试试,你帮我办一个吧。"

士隐答道:"小薇啊,这个项目我认为有一定风险,可能会是一个庞氏骗局,你听我的,先不要参与,我晚点给你打过来。"

来到朱明松办公室,看见朱总面容有些憔悴,忙问道:"朱总,您近来还好吧,好久没过来跟您汇报工作啦。"

朱明松苦笑道,"小子,赶紧把你知道的桔信分期项目相关信息跟我汇报下,这个项目现在被钟慧炒上天了,集团上上下下、里里外外都在关注。"

士隐暗吃一惊,说道:"朱总,目前这个项目都是杜总跟龙跃进独立运作,我还没有掌握具体线索,不过?"

"不过什么?怎么几日不见,变得吞吞吐吐。"朱明松说道。

"据我分析,这个路由器0元购存在风险和违规操作,极大可能是把分期购机款900元给套出来啦,要不然怎么可能帮用户缴2年99月租费,一个用户就2000元啊。"士隐说出问题所在。

朱明松说:"我也是这样问钟慧的,但钟慧说这是王士利引进的一个金融科技创新项目,有风险投资愿意投,不久还会上市。这个我就看不懂了。"

士隐说道:"我有很多同学都是做金融投资的,风险投资有三大风险,第一是人,第二是人,第三还是人,王士利这个人就是最大的风险,我不认为这个项目会成功,而且风险很大,一旦资金链断裂,马上就会出现爆仓。朱总,您要提前防范啊。"

"现在想阻止已经来不及了,这个项目目前太火爆,而且带动滨海广田5G套餐用户同比去年同期增长近1万户,计费收入增长100万元,在全集团可比省会城市中排名第一。钟慧也是上窜下跳疏通关系,说是广田集团过不久会派考察组过来考察,一是把钟慧作为省公司副总考察人选,二是实地考察这个项目是否能在全集团推广。"

第五十三章　代理会员费疯涨

"这么快，集团也太草率了吧？"士隐答道。

"这背后的关系太过复杂，跟你说了，你也不明白，只能说资本的力量太过强大，现在只能静观其变。潮水退了，就知道谁在裸泳。"朱明松意味深长说道。

百日百万

第五十四章
广田集团考察组

春风得意马蹄疾，王士利的桔信分期项目短短几个月做得风生水起。这边杜春希又在跟苏菲厮混，一翻云雨后，苏菲趴在杜春希身上问："希希，我听人家说你们现在有个桔信路由器0元购项目很火，弄个会员资格都要9998元呀？"杜春希答道："9998算什么呀，马上还要涨价，现在要淘汰一批低产代理会员，淘汰后会员资格还会紧缺，呵呵。"

"那你给人家也弄个会员资格嘛！"。苏菲一把年纪还学小女生撒娇，杜春希招架不住，说道："行行行，我的好菲姐，下次我碰到王士利跟他要张代理会员卡给你。"

"我就知道我的希希最厉害啦，告诉你个好消息，集团考察组马上要来滨海啦，说是要对钟慧总任职省公司副总进行考察，钟总一提，你也可以跟着往上更进一步啦。"苏菲把杜春希胳膊放到自己胸前说道。

"这次考察组来的都有哪些人啊？"杜春希连忙打探道。

第五十四章 广田集团考察组

"瞧把你激动的,人家都给你打听清楚啦,考察组带队的有两个人,一个是滨海集团组织部副部长丁一旺,负责人事考察;还有一个是集团市场部副总监钱三开,负责0元购项目考察。你们得提前做好准备,别在关键时候出岔子哟。"苏菲提醒道。

杜春希立即爬起来,说道:"菲菲,提醒的是,我马上去准备,改天再找你啊。"说完从床上爬起来就往外面跑。

杜春希找到钟慧,钟慧早就收到消息,说道:"这都是我花了好大工夫才运作回来的,千万别给我搞砸了。这样,你要准备两个现场供市场部钱总视察,第一个是武媚这边合胜科技滨海南区旗舰店,看一下我们桔信分期如何带动5G终端与套餐销售;第二个是龙跃进这边王士利滨海东区旗舰店,介绍桔信路由器0元购项目。"

杜春希答道:"好的,钟总,我马上去安排,提前恭喜钟总马上荣升三江省广田公司副总,以后小杜,还是您马前卒,为您鞠躬尽瘁,效犬马之劳。"

钟慧笑开了花,说道:"阿杜啊,放心吧,滨海副总这个位置给你留着,给我好好干。对啦,要王士利在他的会所准备好包房,再准备10张桔信会员卡,我们要好好招待集团考察组。"

"还是您想得周全,我马上办。"杜春希按照钟慧指令马上去安排布置。

没过几天,广田集团考察组就来到了滨海广田。首先是滨海集团组织部副部长丁一旺带队对钟慧同志拟任广田省公司副总人选进行干部考察。

滨海广田公司领导班子成员、中层干部和经苏菲挑选出来的部分职工代表共40人参加干部民主测评会议。

丁一旺代表滨海集团党委组织部干部考察组宣读了相关决议，然后说道："根据干部考察相关条例，请参与考察的各位人员要本着对企业负责、对干部负责的原则，从思想政治素质、组织领导能力、工作作风、工作实绩、廉洁自律等几个方面全面、客观、公正地对考察对象进行考评。同时我代表考察组郑重承诺：坚持原则、实事求是、听取各方面意见，严肃认真做好此次考评工作。"

然后，钟慧上台进行述职，首先是感谢，感谢集团党委给他这个机会，感谢丁部长一行不辞辛劳主持这个考察会议，感谢朱明松及在座的滨海广田各位领导同事；再就是就个人思想作风建设、履职情况、今后工作思路以及存在不足等方面进行了汇报，重点汇报了桔信分期项目，截至目前3个月时间内，已发展桔信分期及广田99套餐近1.2万户，拉动月计费收入贡献120多万元。

紧接着参会人员对钟慧进行民主测评。会后，丁一旺率考察组分别与朱明松及滨海广田领导班子成员、部门负责人和部分职工代表进行了谈话。

曾士隐没被作为谈话对象，丁一旺找朱明松谈话，问及钟慧同志的不足时，朱明松说："丁部长，作为滨海广田班的班长，我对钟慧同志的成长感到由衷的高兴，钟慧同志锐意进取，敢于创新，有些思路走在了我的前面。"

丁一旺说："明松啊，现在就是一个弘扬创新创业的时代

第五十四章　广田集团考察组

啊,钟慧同志的这些成绩也有你的功劳嘛,对他还有哪些需要改正的地方,提几点啦。"

朱明松说:"报告丁部长,没有什么大的方面需要改正,就是有一点期望与建议。"

丁一旺说:"就是要你说嘛,我都要如实记入档案的。"

朱明松答:"公司要求我们以亲、清二字作为我们开展代理商合作工作的准绳,个人认为钟慧同志在'亲'上有余,而在'清'上需要加强。"

丁一旺听后一皱眉,说道:"你是说钟慧同志与代理商关系不清?"

朱明松连忙摆手说道:"那倒不是,只是有群众反映,我也是本着对干部负责的原则如实汇报。"

丁一旺说道:"好吧,你的观点,我记下来啦。明松,如果钟慧顺利晋升,你有什么合适的人选推荐啊。"

朱明松一听就知道,钟慧提拔是板上钉钉啦,说道:"报告丁部长,确实有一个年轻人才要向你推荐,叫曾士隐,现任我们滨海西区经营部负责人,牵头主持工作。"

丁一旺说:"哦,这个人,我还没听说,我倒是听闻你们线下渠道中心总监杜春希不错,是个可造之才,你要重点培养下。"

朱明松立即说道:"丁部长,果然消息灵通,慧眼识才,我准备给您推荐的第二个人才就是杜春希。"

"好啦,今天谈话就到这里吧。"丁一旺说道。

"好的,丁部长,今天晚上我们准备给您接接风。"朱明松问道。

"中央有八项规定，集团要求一切从简，就在你们食堂就餐吧，记住不要超标啊。"丁一旺摆出一副清正廉洁姿态。

另一边，杜春希带着集团市场部副总监钱三开正在视察合胜科技滨海南区旗舰店，武媚跟合胜科技老板杨自立亲自陪同。

杜春希向钱三开介绍了桔信分期在合胜科技滨海南区旗舰店首先取得突破，带动其终端与广田5G套餐协同销售，然后又在合胜科技旗下20家店面全面展开合作，同时强调合胜科技以前是麦通的核心代理商，现在已经全面导向广田啦。

钱三开听后很高兴，问杨自立，"杨总，现在一个月佣金有多少啊？比以前在麦通如何啊？"杨自立也是明白人，跟运营商领导打交道很多，答道："钱总啊，说实在话，我在麦通以前是排名前三的代理商，一个月佣金高峰可以拿到上百万，到广田这边才刚起步，拿佣金还没那么多。"

钱三开听后笑而不语，旁边武媚急了，说道："钱总，杨总他怎么说话说一半，单论佣金，杨总拿得是没以前在麦通公司多，但是像杨总这种大型手机连锁卖场，最大核心收益点在终端上，我们的桔信分期帮他一个月多出1000台终端，这上面他是赚饱了。"

旁边杨自立连忙说道："我的武总啊，我才正准备汇报终端销量的，你就帮我说啦。"

钱三开听后哈哈大笑，见武媚红唇妖艳，身材玲珑有致，极具魅惑之态，又侃侃而谈，问道："杜总啊，你们这位美女销售是？"

第五十四章　广田集团考察组

杜春希连忙答道："哎呀，钱总，都是我的疏忽，忘记跟您介绍啦，这就是我们滨海南区的美女销售总监武媚，合胜科技这个代理商就是我们武总监谈下来的。"

钱三开向武媚伸出手，边握边赞道："不错，武总监啊，巾帼不让须眉啊，谈下这大个商，很牛嘛。"

武媚暗暗使劲，挣开钱三开的手说，"不光是我谈的，主要还是我们曾士隐曾总监带我谈的，论功劳，他占八成，我不到两成。"

钱三开尴尬地收回手说："哦，曾士隐又是谁啊。"杜春希答道："是滨海西区总监，以前也在我这边，后来分出去啦。"

"好啦，杨总，今天就聊到这儿，期望你与我们广田合作更上一层楼啊。"钱三开准备离开。

杨自立连忙上前说："各位领导，难得到我们合胜科技视察，晚上想给大家接风洗尘。"杜春希挡道："杨总，下次吧，钱总这几日有公务在身，就不打扰啦。"

说完，带着钱三开又来到王士利在滨海东区的旗舰店，龙跃进与王士利在门口早早恭候。杜春希向钱三开介绍，滨海桔信分期就是与王士利的桔信科技开展合作进行发展的。

王士利连忙上前紧握钱三开的手，汇报道："钱总，我们在滨海广田的大力指导支持下，联合金融平台开创了新的生态运营模式。我把它称之为'1+1+N'联合生态模式，第一个'1'是广田99 5G套餐，这是我们发展基础，第二个'1'就是桔信分期补贴，第三个'N'是我们包装的产品，最开始是5G手机终端，后来推广到智能终端设备，现在我们又创新到路由器产品上，目前累计销量已近万台。"

钱三开饶有兴致问道："王总，你们这个路由器0元购是怎么包装的呀？"

王士利答道："报告钱总，在广田钟总、杜总还有龙总监指导和支持下，我们联合金融平台包装了这款路由器0元购产品，用户只需出299元，参加桔信分期活动，办理99套餐，次月我们返299元购机款给用户。"

"那这返还的299元购机款是谁出呢？"钱三开追问道。

"这个是我们联合金融平台出的，您知道现在获取一个有效客户在互联网平台上的成本有多高吗？大概是100元/单，还有办理业务的佣金返利，我们也会拿出来补贴用户。因为我们追求的是用户规模，最终我们是要上市的。"王士利说的天花乱坠。

"据我所知，你们还承诺用户99套餐免费用2年，这个钱难道也是你们出吗？"钱三开打破沙锅问到底。

"钱总，这是我们最核心的商业模式啦，一般我们都是不透露的，您大领导来了，我跟您简单说下，就是'羊毛出在猪身上，让狗来买单'。这样行不，钟总也交待啦，晚上到我的会所，我再详细跟您汇报。"王士利岔开话题。

旁边杜春希赶紧补充道："钱总，现在时间不早了，要不晚上到王总会所，钟总跟我再向您详细汇报。"

钱三开点头道："把你们几个总监也叫上，尤其那个武总监，她们在一线，深入市场，比你们接地气。"

杜春希心领神会道："明白，还是钱总站得高看得远！"

第五十五章
宴请考察组

晚上，丁一旺、钱三开等考察组成员在朱明松、钟慧陪同下就在滨海广田内部食堂吃了个工作餐，把考察组送回酒店后，钟慧一直在酒店楼下等候，过了半小时，丁一旺与钱三开换了一身便装下楼，钟慧把他俩迎上车，直奔王士利的山庄会所。

这边，王士利早早在门口恭候，还有杜春希、武媚、龙跃进，还有美女销售"四朵金花"里的春玲。

进入包间，丁一旺、钱三开入上席，其他人入座，酒菜上齐。钟慧把陪同人员给丁一旺、钱三开介绍完毕，王士利指着桌上的"龙鱼迎宾"这道菜开口道："广田集团的丁部长、钱部长还有钟总、杜总一行今天能到我们这里来，让我们小馆蓬荜生辉，这条龙鱼，请丁部长还有钱部长先动筷子，给我们剪个彩。"

这时春玲突然打断："两位部长，让我先给您介绍下，这种鱼是在繁殖期沿滨海逆流而上，在繁殖地产卵，所以它的鱼肉非常鲜美有弹性，而且这个季节，是它的肉最肥美的时候，来我给你们夹一块。"

旁边武媚也插起话："等一下，吃鱼可不能这么随便，是有讲究的。还是我来先介绍一下吧。鱼眼是鱼身上蛋白质最多的地方，一般在宴会上都是夹给贵宾的，这叫做'高看一眼'。"

丁一旺、钱三开听后，笑道："高开一眼，好好。"

"鱼肚子叫做推心置腹，希望两位部长和我们大家推心置腹地交流。"武媚继续说道。众人纷纷拍掌叫好。

"鱼尾巴是夹给我们钟总、杜总的，这叫做委以重任。希望两位部长在工作中对我们钟总、杜总委以重任。"武媚在酒桌上招待领导一套一套。

钱三开接话道："鱼都给我们啦，你们吃什么呀？"

武媚说道："那我们只能吃鱼鳍啦，鱼鳍也有一个说法叫'力争上游'。"

丁一旺说道："钟总，看来你手下这些美女都是精英啊。"

钟慧笑道："丁部长，钱部长，刚才我们武总监说的'委以重任''力争上游'，这可不是玩笑啊，这都是我们的心声啊。也希望两位部长以后对我们多多关照。"

丁一旺起身道："来，我和钱部敬大家一杯，今天认识大家很高兴，我们一起干了这杯酒。"说完与钱部一起干了杯中酒。

此杯酒一干，酒桌上气氛瞬间打开啦，众人一个接一个地

第五十五章 宴请考察组

向丁、钱两位部长敬酒。轮到武媚过去敬酒啦,先敬丁一旺,丁部长很爽快地喝了。再敬钱三开,钱三开说:"武总监,今天在现场就对你刮目相看,发展业务顶呱呱,没想到在酒桌上也是女中豪杰啊,你说要力争上游,这个酒怎么喝呀?"

武媚说道:"钱部长随意,我先干为敬。"说着就要干掉杯中酒,钱三开拦住:"我可不是随意的人啊,这杯酒不能这么喝。"

"钱部长,说要怎么喝啊?"武媚问道。武媚不想纠缠,也为刚才一时兴起,说那么多套话祝酒词感到隐隐后悔。

"怎么喝,我说了不算,那要问你们杜总啊,他管你啊。"钱三开笑咪咪地望向杜春希。

杜春希连忙说道:"武媚啊,钱总专门跟我提到很赏识你,难得领导欣赏,我看你们一起喝个交杯酒吧。"

旁边龙跃进赶紧起哄:"交杯、交杯、交杯",众人都跟着起哄。

不知怎的,武媚突然想起了士隐,想起他上次为自己挡酒。武媚对钱部长色眯眯的笑容心生厌恶,强忍着没有表现出来,镇定说道:"钱总,别听他们乱说,您这么大的领导哪会跟我们喝交杯酒,这样,我干三杯,敬您啦。"说完,不管不顾,连干了三杯。

钱三开也不好再勉强,悻悻地干了酒坐下。

旁边的春燕见状,凑了上来,端着杯子娇滴滴说道:"钱总,武总不跟您喝,我来跟您喝交杯,还要花式交杯。"

钱三开连忙起身,问道:"春玲美女,要怎么喝花式交杯啊?"

春燕望向钱三开说道:"交杯酒分为两种,一个是男女各自倒酒之后两臂相勾,双目对视,是为'小交杯';还有一个是'大交杯',胳膊互相缠绕着对方的脖子,把酒一饮而尽。钱总,我们先喝个小交杯,再喝个大交杯。"

钱三开欣然应允,先喝小交杯,再喝大交杯。钱三开身材魁梧,脖子粗肥,春燕身材娇小,她要把手绕过钱三开脖子,着实困难,最后两人几乎是贴着面才喝完这大交杯。

春燕也是喝起性子,闹着跟每位领导都喝起了交杯酒,另外一边,武媚低头坐在一旁默默吃菜,还跟士隐发了微信,"祈祷酒会快点结束。"士隐跟她说:"多拍点现场图片。"武媚一下意会了,把手机调成静音模式,装作在看手机,咔咔咔,把众人喝交杯酒的醉态一一拍照。

拍完照,武媚借说家里有急事,先撤了,留下一干人等继续 HAPPY。

席间王士利起身,偷偷把准备的桔信分期会员卡塞进丁、钱两位部长口袋,说道:"这个会员卡,现在炒得很热,两位领导可以带家人玩玩,包赚不赔哟。"

第五十六章
上市融资被骗

桔信分期0元购发展势头不减，第四个月已经突破1.5万户了，王士利的上市融资路也在加快筹划。从主板到三板，从国内到国外，每一个上市渠道，王士利都不放过。经过多方联络，近期他又找到一家融资服务公司，叫牛斯达克Q板上市融资服务公司。这个公司的滨海办事处主任叫姚翩，他跟王士利介绍："企业正常上市一般情况为：天使投资，A轮融资，B轮融资，C轮融资，再就是到主板或者创业板上市，上市流程复杂，周期漫长，但在Q板上市就相对比较容易，不过服务费要高些。"

说完姚翩给王士利分享了公众号，上面都是发布的上市信息。包括"祝贺××公司上市成功""××公司挂牌上市答谢会在牛斯达克Q板上市融资服务公司隆重举行"等。王士利看得心花怒放，忙问："你这些公司是在沪深上市吗？"姚翩回答道："有在上海的，也有在深圳的，这要看你这边需求及预算情况。"

王士利问："那要多少费用？"姚翩答道："根据公司资质及上市时间要求等有不同档位，包括律师调查费、评估费、担保费还有服务费等，在上海注册起步300万元，如果你要60天内完成，那我们得收加急费100万元。"

王士利现在已经陷入"上市圈钱百亿"的心魔，一咬牙说道："400万元就400万元，2个月内我要桔信分期科技在上海挂牌。"

姚翩顺势拿出两份合同"Q板上市挂牌代理服务协议书"交给王士利，"那王总就把合同一签，三天内打款，我们好开始干活啊！"姚翩笑盈盈说道。

合同书厚厚一摞，王士利恨不得明天就能上市，只看到上面"上海挂牌交易"几个字，就翻到最后，签上了自己的大名。

这真是"玩了一辈子鹰，却被家雀啄瞎了眼"。

姚翩所谓的上海挂牌交易，是指各省的区域股权交易中心，"区域股权交易中心（四板）"的功能就是在区域内进行股权交易，它的性质是私募，主要是为了方便不够资格上主板、新三板的省内中小企业融资，为了解决他们贷款抵押物不充分、企业融资能力差而设立的。

区域股交中心并不具备A股"连续竞价交易"的资格与功能，仅相当于一个"广告橱窗"，或仅具备"场外交易"功能。而场外交易，是指公司股权可在非上市公司股份转让系统内交易，针对投资机构或持100万元以上资产证明的合格个人投资者，且股东总量不得超过 200 人。相关规定中明确指出，此类公司不得公开宣传、大规模集会公开转让所谓的"原始股"。姚翩公开宣传"在深沪两地公开上市"，是故意混淆了"证券交易所"和"股权交易中心"概念。当然，待王士利知道受骗，已是一个月以后的事情了。

百日百万

第五十七章
钟慧任职公示遇"举报"

话说送走了集团的丁一旺、钱三开，钟慧每天都度日如年，希望提任省公司副总的文件赶快下来。

这天钟慧收到消息，集团党委正在研究一批省公司副总人选调整问题，其中就涉及钟慧提任广田三江省副总问题，但在民主评议环节，有人反映钟慧与代理商关系过于亲密，钟慧如坐针毡，连夜飞机赶到广田集团总部，在丁一旺引荐下秘密拜访了总部某领导，一直到第二天中午才赶回滨海。

又过了一周，朱明松告知士隐，钟慧提任的文件马上要公示了，要士隐做好准备。

果然，第二天滨海广田公司 OA 上发布钟慧的公示：

关于钟慧同志拟任职的公示

根据《广田集团干部选拔任用工作条例》和有关规定，现将拟任职干部情况公示如下，请予监督：

钟慧，1977 年 4 月出生，大专，现任滨海市广田副总经

第五十七章　钟慧任职公示遇"举报"

理，拟任三江省广田副总经理。

公示期限：2021年3月1日至2021年3月7日。

杜春希收到消息，一大早就跑到钟慧办公室来报喜，钟慧也是满脸容光，禁不住得意，还不忘鼓励杜春希："你要好好干啊，尤其桔信分期0元购，就把这个产品给我盯紧，滨海副总的位置一定跑不了。"

杜春希立即起身拍胸脯表态："请钟总放心，桔信分期0元购月销量保证1万件以上。"说完，拿出一张卡塞进钟慧办公桌上的笔记本里，说道："老领导高升，小弟的一点心意，您一定要笑纳。"说完就离开钟慧办公室。

另外一边，曾士隐秘密约了武媚在一个小咖啡馆会面。一见面，武媚笑道："曾大才子，最近很闲啊，怎么想起小女子啦？"士隐苦笑道："我的小姐姐，都什么时候啦，还有心思开玩笑。你看见钟慧总的公示没？"

"原来这事，我没看见，不过看见杜春希、龙跃进他们可高兴啦，正在商议着在哪儿为钟总庆祝呢！"武媚答道。

"牵一发而动全身，一人得道，鸡犬升天，钟总提起来，杜春希、龙跃进他们也会跟着提，我们以后日子更不好过啦。"士隐叹道。

"那你说怎么办？天要下雨，娘要嫁人，你管得了吗？"武媚答道。

"你上次不是说，那天聚会还强压着你要喝交杯酒吗？照片还有吗？"士隐关切问。

"哦，你不说，我还忘啦，有啊，还在手机里，看，还有春燕跟杜春希等人搂在一起喝交杯酒的图片,苹果12拍摄,高清版呢。"武媚拿出手机在士隐面前一张张滑着照片。

"你把这些照片发我,剩下交给我啦。"士隐兴奋抓起武媚小手说道。

"你要怎么感谢我呢,我的曾大才子?"武媚妩媚望着士隐。

士隐还在仔细研究这些照片,说道:"你说什么条件都依你。"

"那我们也来个交杯酒?"武媚娇羞问道。

"啊?"士隐一愣,说道:"改天再聊,我要赶回去准备些材料。"说完,一溜烟跑了,留下武媚在那里气得直跺脚,脸都红了。

话说士隐拿到关于杜春希一干人等的绝密照片,找到一家偏僻的打印店,把公示文件上留下的监督邮箱地址打印出来,贴在信封上,又找到小区旁的菜鸟驿站,顺丰加急寄出了这封绝密"交杯"照片到广田集团总部。

第四天,钟慧还在办公室哼着小曲,幻想着马上要搬到省公司副总大办公室了,突然电话响了,一看是集团组织部的丁一旺,急忙接听道:"丁部好啊,什么时候再到滨海来指导工作啊,我好好生招待呀。"钟慧话说到一半,就被电话那头丁一旺打断了:"钟慧,看你干的好事,你跟别个交际花喝交杯酒的照片都寄到集团总部了,等着喝茶吧,记住别乱咬!"

啪,电话被挂断啦,紧接着手机上传来一张图片,正是那晚春燕陪他喝交杯酒的图片,春燕都几乎缠在他胖硕的身躯

第五十七章　钟慧任职公示遇"举报"

上,场面非常热辣。

钟慧马上回想那晚在王士利会所里吃饭的人,一下子就锁定到武媚身上,以及她背后的曾士隐、朱明松,又联想到朱明松对他的民主评议告黑状,不由得咬牙切齿起来。

这时,又一个电话进来,是王士利,钟慧暗自纳闷他也这么快收到消息了,拿起电话,"哇,哇"王士利在电话那头竟然哭起来了,钟慧本来就很恼怒,骂道:"你妈死了,在这哭丧呢。"只听王士利停止哭声,说道:"钟总,我们被骗了,400万元都骗光啦。"

"什么,你再说一遍!"真是屋漏偏逢连夜雨,祸不单行。于是,王士利把找姚翮帮忙上市,结果被骗了400万元,只弄回来个上海股权交易中心挂牌交易的假证,这些情况一五一十给钟慧汇报。

钟慧听完,心口一阵绞心痛,拿起抽屉上的救心丸吞下,强压住怒火说道:"老王,先不要说啦,你别慌,晚上到你会所见面说,记住就你一个人。"

晚上到凌晨12点,王士利的会所独包厢里,钟慧一直在抽着烟,一根接着一根地抽,屋子里云雾缭绕的,伸手不见五指,旁边王士利就像个"祥林嫂"一样念叨:"我的400万完啦,400万,400万啊。"

突然,钟慧叫道:"不要吵啦,一不做,二不休,要玩就玩个大的。"

"现在账上余额还有多少?"钟慧问道。"不到100万。"王士利答。

"从现在开始我们再干1万户桔信分期路由器，设备款有299万，分期套现900万，加其他佣金、会员收入总共应该有1500万，干完我们就找个岛国定居去。"钟慧说道。

"跑路？那剩下这近3万用户咋办，套餐99不缴费，会造成征信违约的！"王士利弱弱问道。

"那就是朱明松要考虑的问题了，他不仁别怪我不义！"钟慧将手上的烟狠狠地摁在烟灰缸里。

"你赶快准备护照等后续事宜，下个月8号我们在飞机场碰面，就你我两人，其他人都不要惊动。"钟慧起身准备离开。

"那杜春希他们呢？"王士利追问。

"更不能告诉，我还要鼓动他们快速冲量呢。"

说完，钟慧走了，包厢里是良久的沉默。

第五十八章
最后疯狂

第二天，钟慧把杜春希、龙跃进叫到办公室，一边安慰他们说自己的任职估计下个月就会下来，现在是关键时刻，桔信分期销量要实现倍增，一边许诺他们自己的位置会留给杜春希，同时为加快桔信分期发展，会在全公司成立桔信分期专项工作小组，钟慧任组长，杜春希任副组长，龙跃进任联络员，授权杜春希调动全公司各营销单元加快桔信分期发展，1个月内要突破1万件。

从钟慧办公室出来，杜春希、龙跃进像打了鸡血一般，没过一会儿，OA上发布了钟慧签发的滨海广田公司文件《关于成立桔信分期推广专项工作小组的通知》，文件中明确了杜春希、龙跃进的管理地位，也下达了月破1万件的必达目标。

杜春希将15个销售总监分成线下中心、自有中心、郊区中心三大片区进行PK，片区排名第一的总监重奖，排名末位的总监重罚。每天晚上排名末位的总监还要在群里做总结及整改报告。

紧接着龙跃进在滨海东区召开月破1万誓师启动大会,这场启动会开了10个小时。启动的时候喝"鸡血酒",摔碗,然后看《亮剑》之"李云龙攻打平安县城"片段。龙跃进真的买了很多酒,买了土碗、大桶和一只公鸡。战队成员头上绑腰带,上书"东区必胜","干倒西区"的横幅拉了起来。每个人都要站到台上喝鸡血。龙跃进亲自上台杀鸡,为每个队员倒鸡血酒。

PK过程中,谁出单,马上在作战群里发"战报","战报"的标准格式是"干掉西区,××又贡献了一单99桔信分期。"

"胡萝卜加大棒"的政策效果明显,桔信分期销量开始翻倍发展,同时在王士利的推波助澜下,线下地推团队也开始疯狂刷单。

首先在各微信群、兼职群发布"轻松挣零钱"的广告:明早9点在滨海国际广场门口集合,带上身份证,帮助刷单,领100元红包及10G流量卡一张,限招募100名,欲参加者扫码进群。

大批想赚钱的年轻人进群,群编号从"刷单赚钱花1群"到"刷单赚钱花10群",一个群500人,一下子就有了5000人规模。这些人按照指示进行拍照,上传身份证,提交手机号、验证码等步骤,进行刷单,真的很快就获得群主的微信红包转账,这让他们深信不疑。

接着群主告知,这种"兼职刷单"可发展"下线"并得

第五十八章　最后疯狂

到佣金，于是他们又纷纷组建了一个 50～100 人的微信群，一起刷单赚钱。

随着红包一个一个地发放，越来越多人参与进来，雪球越滚越大，参与人数很快突破数千人，殊不知他们的身份证都被绑上了一份桔信分期，每人 900 元的信贷款已经到了王士利等人的账上，而他们每月要还款 50 元，还款期 24 个月，一旦逾期就会有讨债公司进行追债。

另外一边，杜春希与龙跃进带领 15 个总监也是迅猛发展，眼看一个月已到，各渠道线下大部队加上王士利组织的线上拉人头发展桔信分期已经突破 1 万户。

百日百万

第五十九章
钟慧失联

虽然桔信分期发展形势喜人,但杜春希近几日一直心神不宁,因为钟慧公示期已经过了近一个月了,他的任命文件却一直没下,这段时间也没看见钟慧总公开露面,说是请了病假。

思考再三,杜春希决定给钟慧打个电话,电话那头却是"您拨打的用户已关机",杜春希心里感觉更慌了。

第二天是4月1日愚人节,桔信分期前期发展的2万用户,加上3月刚发展的1万用户,总共3万用户都收到了滨海广田发送的一条短信:"尊敬的用户,您的手机号已欠费,为不影响使用,请尽快缴费。滨海广田客服。"

这批滨海广田99套餐用户,手机号基本上都是宣传的"免费送2年,每月20G流量",有的手机号在用,有的手机号没用,在用的用户一收到短信就开始打滨海广田客服热线进行投诉:"喂,滨海客服,什么情况,怎么手机号欠费了?当时不是说可以免费用两年吗?赶快给我复机啊。"

第五十九章　钟慧失联

滨海广田客服热线 200 个座席电话瞬间被打爆。

下午这批用户又收到一条短信,是桔信分期贷款公司发布的:尊敬的用户,您在我公司申请办理的协议号 81115209876××桔信分期小额贷款应于 4 月 1 日还款人民币 50 元,已出现逾期,请尽快缴款,避免征信受到影响。

如果说第一条欠费短信对用户来说是"炸弹突袭",那这第二条逾期短信对用户来说就算得上是"原子弹轰炸",用户瞬间炸窝了,"什么?桔信分期是个什么公司啊?谁给我办的贷款啊,怎么逾期了,以后买房怎么贷款啊?"

这些"被贷款"用户迅速组织起了"桔信分期维权群",有一个做律师的用户叫勇哥,被推选为他们的"维权领头人"。

"勇哥"义愤填膺,斗志昂扬,很快写了一份维权声讨书,大致包括以下几条:

一是滨海广田违反销售承诺,无故停机,属于违约,要无条件复机。

二是桔信分期贷款公司在用户不知情的情况下给用户放贷,造成逾期,属于欺诈,要承担法律责任。

这个事情一下成为群体事件登上滨海当地头条热搜,朱明松第一时间知道消息,联想到钟慧的失联,知道这个事件背后有大黑洞,紧急召开办公会,做出三项决定:

一是对桔信分期发展的近 3 万用户做紧急复机处理,在 4 月底前暂不停机。

二是成立"桔信分期逾期事件处理"工作小组,朱明松任组长，曾士隐任副组长，公司各部门负责人任组员，在4月底前拿出处置方案，平稳解决此次危机。

三是纪委牵头，对桔信分期逾期事件进行彻查，对相关责任人进行严肃问责。

此消息一出，杜春希及龙跃进吓得魂飞魄散，好几天都不敢出办公室门。

但朱明松身上的压力才是巨大的，三江省广田公司甚至广田集团都知晓了这次群体事件，市政府办公室也打来电话，要求滨海广田务必快速妥善处理此次群体事件。

会议一结束，朱明松就把士隐单独叫到办公室，一向不抽烟的他突然从抽屉里拿出一条没牌子的内部烟拆出一包，扔给士隐一支，自己点了起来。

士隐见状，问道："老大，怎么戒了几十年的烟又抽起来了。"朱明松苦笑道："愁啊愁啊，烟都消不了愁。这次事件处理不好，估计以后都没好烟抽啦。"

"别这么悲观嘛，你不是常教导我办法总比困难多！"士隐安慰道。

"怎么，你已经想到解决方案啦？"朱明松眼睛一亮望向士隐。

士隐答道："未雨绸缪，防患于未然，这段时间，我一直在思考这个桔信分期背后的操作手法，经过这次欠费及逾期事件，我终于想通了。钟慧、王士利他们无非是将金融领域经典的'庞氏骗局'引入桔信分期上来，他们对外承诺的'2年免费用'及'路由器设备款100%返还'根本不是来自资本方投资，而是来自新进的设备投资款及套取的信贷分期款。此类骗局，用英文来说叫做 Rob Peter to Pay Paul；用中国话来讲，叫拆东墙、补西墙；此模式要玩得转的精髓，是极力避免意外的大额撤资。"

朱明松说："现在知道他们的操作模式也晚啦，总共 3 万户，2 年套餐费，1 户就是 2400 元，3 万户就要近 7000 万元，这么大的窟窿，谁补得上啊。"

"这批用户就是最大的资源，朱总，我去找下家去啦，记住，不管发生什么事，都要拖到我回来，走啦。"士隐说完，嗖一声就跑了。

百日百万

第六十章
围堵滨海广田

这边士隐离开广田去搬救兵,另外一边,那3万桔信分期被套用户也没一刻得闲,莫名背了一笔贷款,摊谁身上都受不了,其中的领头羊"勇哥"更是摩拳擦掌,跟一干群里的积极分子商量对策。

维权这事,一要有钱,二要有闲,三要统一组织。当天晚上"勇哥"在群上发布了桔信分期第一份维权公告:

各位桔信分期受害者:

我们被违规放贷导致逾期,给我们工作与生活带来巨大影响,为加快解决我们的问题,我们首先要团结起来,形成合力。

定于明早9点在桔信分期贷款公司(滨海路28号)门口集合,举行维权活动,请各位桔友准时参加!

另需制作维权横幅、单页、马甲等统一宣传,请所有桔友

第六十章　围堵滨海广田

有钱出钱，有力出力，有时出时，汇款账号：62103129888888。

4月1日

桔信分期维权领导小组

此公告一出，群里一呼百应，有人回复：明早9点下刀子也要去。

又有人回复：我在外地赶不回来，我愿意出钱啊，先转100元，表表决心啊，拜托各位桔友啦。

还有人回复：辛苦勇哥啦，还需要人手吗？我刚失业在家，有的是时间，有事您招呼。

第二天上午8点不到，"勇哥"就带着一帮桔友早早来到桔信分期贷款公司门口，分成几个小组，还分发了马甲及宣传单，马甲上印有"非法被贷，还我分期"八个大字。

9点钟，桔信分期贷款公司门口已聚集了数百人，领头的"勇哥"扯着横幅"非法被贷，还我征信"，然后带着人高喊"不良公司，非法被贷，还我征信！"

干贷款公司的也不是什么善茬，很快从桔信分期里走出一帮人，个个虎背熊腰，臂上纹身，胸前挂链，有的手上还拎着棒球棍。

领头的叫阿飞，他带人来到桔友面前，叫道："你们这群王八羔子，不要命啦，欠了我们钱不还，我们还没找你们，你们还敢跑到我们这里捣乱。"说着就要动手打人。

这时背后一个声音传来："住手，阿飞。"只见众人让开一条道，一个西装革履戴墨镜的家伙走了出来，问道："你们谁是主事人啊。"

"勇哥"站出来说:"我是阿勇。"

墨镜男说道:"你好,我是桔信分期贷款公司的老总李楠。俗话说,冤家宜解不宜结,我们桔信分期贷款给你们,你们不还款,我们这帮兄弟也要吃饭,但我知道事出有因,你们也是受害者,罪魁祸首在滨海广田身上,不是滨海广田签了担保函,我们也不会放贷给你们,这是担保函的文件,阿勇兄弟,你看下。"

阿勇接过担保函一看,上面果然有滨海广田公司的印章,说道:"那你说怎么解决?"

李楠答道:"你们不来,我也要找你们,欠债还钱,天经地义,不过,找你们一个个散户太麻烦,我已经要律师起草了一份追讨函发给滨海广田公司。正好,阿飞,你就带着这帮兄弟一起到花园大道特1号滨海广田公司走一趟,把我们的追讨函送过去,要滨海广田承担连带责任,赶快还钱!"

李楠几句话就把众人的怒火引到滨海广田身上,于是一帮人等浩浩荡荡向花园大道特1号赶去。

很快,三四百人的队伍集聚在滨海广田门口,高喊要求广田老总出来,当面解释,为什么虚假宣传,套路消费者。

朱明松得知消息,见士隐还没回来,赶紧让杜春希带着龙跃进先去大门口安抚用户,做好解释工作。

杜春希带着龙跃进刚一出来,就被人围住,杜春希首先说道:"大家静一静,我是广田线下渠道中心负责人,关于桔信分期贷款事宜,我们公司已经成立了专班进行处置,一有方案

第六十章 围堵滨海广田

会立即告知大家，现在请大家不要聚集，先回去等消息吧。"

阿勇等人显然对这个回答不满意，这时有人发现旁边的龙跃进就是当时给他推销桔信分期业务的人，一把冲上前，抓住龙跃进的领子说道："就是你给我办的桔信分期99套餐，说什么免费给我办张20G流量卡，还要我花299买什么路由器，下个月就可以返给我，现在怎么欠费停机，还造成贷款逾期?!"

龙跃进连忙解释道："这个，主要是我们合作代理商出了问题跑路了，跟我们滨海广田没什么关系啊。"

那人一听跑路啦，火气更大了，说道："代理商跑了，你们滨海广田跑不了，用的是你们滨海广田的套餐，你们别想抵赖。"说着说着，那人给龙跃进一大嘴巴子，龙跃进捂着脸叫道："你怎么打人。"

"打你怎么了，谁要你们骗人，虚假宣传的，不光打你，我们还要告你们呢。"人群开始骚动起来，眼看局势就要失控，朱明松出来了，叫道："住手，大家静一静，我是滨海广田老总朱明松，请大家听我说。"

众人一听老总终于出来了，放开了杜春希和龙跃进，一起围向朱明松。

朱明松不愧是大领导，首先气势上就更胜一筹，只见他拿起一个扩音筒继续说道："关于桔信分期套餐用户欠费问题，我们公司从用户角度出发，已经给大家做了紧急复机，说明我们是有诚意为大家解决问题的，大家说是不是？"

这个话一问，围观的用户暂时安静了下来，等着朱明松进一步讲话。

朱明松见用户情绪平复了一些，接着说道："至于大家所反馈的贷款逾期问题，我想应该首先向桔信贷款公司去沟通解决，而不是围在我们滨海广田的门口。"

朱明松不见士隐归来，只能采取"拖"字，但哪料到对方已是从桔信贷款公司杀过来的。

维权用户的带头大哥"勇哥"站出来发话了："朱总，我是桔信分期套餐受害用户代表阿勇，刚才你说帮我们暂时复机，我们先表示感谢，但是就你所说的第二句话'要我们找桔信贷款公司'，这就是推卸责任。不瞒你说，我们就是从桔信分期贷款公司过来的，据我们所知，之所以被贷款、被逾期，这都是你们公司以及代理商私自给用户操作贷款，同时没有按照承诺缴纳话费导致出现逾期，所以主要责任在你们这边！"

朱明松一听这话，头皮发麻，只能说道："你讲的问题，我们还在进一步核实中，因为具体经办的是我们公司副总钟慧，但他一直处于失联中，我们也一直在联系！"

众人一听，副总跑了，又骚动起来，纷纷嚷道："还我逾期，还我逾期！"

这时桔信分期贷款公司的阿飞跳了出来，说道："跑得了和尚，跑不了庙，副总跑了，正主在就行，我是桔信贷款公司的阿飞，这是你们公司当时签的担保函，对这个桔信分期贷款项目提供连带担保，上面还有你朱明松的法人签字章，这是我们公司出的律师函，限你们 7 天内解决这 3 万用户逾期欠款问题，否则我们法庭上见！"

第六十章　围堵滨海广田

只见阿飞拿出一份文件，交到了朱明松的手上，朱明松一见上面几个黑体大字"追缴函"，险些踉跄。

众人更加义愤填膺，纷纷喊道："广田还钱，广田还我血汗钱！"围上了朱明松，眼看就要动手。

就在朱明松准备报警，强行驱散围观群众时，两道身影拨开人群，其中一人扶住朱明松，说道："我是滨海广田的曾士隐，这个项目专班的负责人，如果大家愿意听我说，用不了7天，大家的欠款马上就能解决！"

第六十一章
再见小薇

士隐去搬救兵，却鬼使神差地拨通了平小薇的电话，小薇说道："士隐，正要找你呢，上次跟你说的你们公司推的桔信分期0元路由器项目，我投了50万进去，现在说是代理商跑路了，怎么办啊？"

士隐一听头大，问道："小薇，你老公杨志在吗？我有项目要跟他谈。"

小薇说："他最近好像在忙一个区块链的项目，你有什么项目谈啊？"

"就是关于桔信分期这个项目，你不是也被套了吗，我找到解决方案了，但需要引入投资方注资，你赶快帮我联络下。"士隐急不可耐。

"那我帮你问问，等我电话啊。"小薇答道。

这一等就是快一天，直到下午5点，小薇才打来电话："士隐，杨志一天都在开会，我跟他说了你的事，他说你是老

第六十一章　再见小薇

朋友，晚上8点直接到家里来谈吧。"

杨志的豪宅位于滨海南山的半山区别墅，这里的房子毗邻滨海市的金湖、银湖双湖，四周群山林立，住宅密度覆盖率很低，据说一平米单价近10万元，豪宅上下3层，单层面积在200平方米左右，总价值约5000万元，不愧滨海首富的豪华别墅。

士隐报上名号，被佣人领进房屋，映入眼帘的是一个大的落地窗，可以看见滨海双湖的山景，士隐想首富家就是气派啊，客厅处有一个洒满阳光的大阳台。光阳台就顶平常人家的小两房啦，真是贫穷限制我的想象力，士隐暗想。

穿过阳台，来到客厅，客厅面积大约在80平方米左右。巨大的客厅里，摆上了两种颜色的真皮沙发和精美绝伦的针织地毯。整个客厅同样采用落地窗的设计，在这里你一眼就能看到滨海沿江的一线江景。客厅的顶部采用了精美的黄铜线条，搭配琉璃吊顶大气雅致。一盏流光溢彩的水晶吊灯悬于客厅正中央，带给人庄重华美的视觉感受。

小薇见士隐来了，连忙起身，说道："士隐，你来了，好久不见啊。"

士隐见小薇，穿貂皮上衣配修身连衣裙，一身黑色打扮高雅又奢华，搭配玫红色腰带，似乎想增添一些青春活力，但小薇看上去气色不是很好，似乎消瘦了不少。

"小薇好啊，好久不见，怎么见你气色不是很好啊？"士隐问道。

"近来食欲不是很好，也不知什么原因。"小薇答道。士隐转眼望向餐桌，是雪白色的大理石材质，高贵感十足但色彩偏寒，问道："这个餐桌不错啊，什么时候换的呀？"士隐问道。

"上个月才从意大利进口的，是杨志一个朋友送的。"小薇答道。

"你把舌头伸出来看看。"士隐说道："舌苔一片白腻，说明你寒湿很重，而你们餐桌，白色，主寒，脾胃喜暖，不喜寒。脾胃湿寒，自然胃口不好。"

小薇一听，叫道："真的呢，自从换了这套餐桌，感觉食欲下降好多啊，士隐，你现在改行当医生啦。对了，杨志在书房等你呢，我去给你们沏茶。"

士隐往前走，来到书房，这间书房也正对滨海的江景，装修相当的商务风。实木地板沉稳厚重，搭配了灰色的羊绒地毯，光脚走上去也很柔软。

杨志见士隐进来，笑道："曾大才子，怎么开始研究风水啦？"

士隐笑道："杨老板见笑了，哪像你们有钱人见多识广，只是近来在看《道德经》有些感悟。"

"噢，说来听听。"杨志问道。

"道可道，非常道。在天成象，在地成形。天上无尽的星辰组成无数的星象，天之星象神韵合大地之精气，形成无数的物形种类。所以万物皆有形，万物皆有神，得神则昌，失神则亡。天主宰神韵，所以后天物形，要有神，才能够补人之神。后天物形要有精气，才能够补人精气之形。人居住在房屋之

第六十一章　再见小薇

中，在地成形，凡后天有形之物，皆受物之有形所影响。包括你家的餐桌，颜色就会影响你的食欲乃至脾胃，不可不察呀。"士隐心里实际上急着像热锅上的蚂蚁，还是在这里先跟杨志扯东拉西。

杨志这些富翁，有钱有势以后最关注什么啊？当然是健康啦，有钱享没命花，咋办？所以来之前，士隐专门恶补了一套养生学说。

眼看杨志饶有兴趣，士隐话锋一转，"杨总，您这家里布局，改日我来好好跟您调理一番，今天深夜冒昧打扰，还有一个项目要谈。"

"小薇跟我说了，是关于桔信分期项目吧，新闻里都播了，说是有3万用户欠费逾期，这就是个烂尾工程啊。"杨志谈到项目又恢复起商人的本色。

"这个项目在平常人手中是烂尾，但您是滨海首富啊，有点石成金的能耐啊。"士隐不管三七二十一，先给杨志戴顶高帽子。

"士隐啊，别在我面前瞎吹，你说不出正经依据来，吹得天花乱坠，我也不会投，就给你3分钟时间啊。"杨志补充道。

士隐见铺垫工作差不多了，开始步入正题"杨总，你也知道桔信分期事件目前已经成为滨海市的头条新闻，如果要您花1000万接盘，1年后赚几倍投资，还免费帮你打了个天大的广告，你愿意吗？"

杨志玩味地说："士隐，少在这里画饼子，有这好事？"

士隐见吊起了杨志的胃口，继续说道："我这个项目叫社区通讯服务区块链平台，以区块链技术为内核，发行通讯比特积分，类似比特币，以这3万用户为种子，以满足社区用户宽带、手机、电视、上网、智能家居等一站式通信需求为核心场景，通过发展社区通讯同业联盟和异业联盟来构建丰富的线上线下通讯比特积分应用场景，让用户享受到平价、高品质和及时的通信服务。"

杨志一听区块链，顿时来了兴趣，这是目前风险投资的热门领域，比特币（Bitcoin）最早由中本聪在2008年11月1日提出，并于2009年1月3日正式诞生，刚开始并不值钱，也不出名，只是在IT程序员和游戏玩家等群体中流通。2010年5月22日，美国有一位叫作Laszlo Hanyates的程序员用一万比特币购买了2个披萨，按照今天的比特币行情，这一万个比特币价值2.5亿美元。而当初，Laszlo Hanyates先生因为用一万比特币换到2个大号的披萨而得意洋洋，在论坛里大肆炫耀。几个月后有人给他留言："Laszlo Hanyates先生，2000美元的披萨口感怎么样？"一年后有人再留言："阁下！请问价值1万美元的披萨好吃吗？"……直到最近，还有人问他，价值上千万美元的披萨吃起来怎么样？

杨志也知道这个"世界上最贵的披萨"，如果士隐的这个平台能够做成，那就不是翻几倍的收益了，首富之所以能成为首富，就在于远超于常人的商业嗅觉和胆识。

杨志拉起士隐的手说道："我现在正准备投资区块链领域，士隐你好好说说你的计划。"

第六十二章
通信服务区块链平台

时间已经到了晚上9点，土隐在首富杨志书房开始详细介绍起社区通信服务平台。

首先把通信比特积分作为社区通信服务平台基于区块链技术在内部发行并使用的数字凭证，具有唯一性、加密性和可转移性。每一枚通信比特积分都是不可增加的，总量恒定在1亿枚，具有以下特性：

1. 比特积分当钱花。桔信分期3万用户每月支付月套餐费用99元，可获赠99比特积分，用户可用获得积分在平台上按照1比特积分＝1元人民币的价值换购通信产品和服务。同时为了让用户愿意支付月套餐费用，滨海广田会在通信服务平台上架99比特积分换购1000M广田宽带产品，相当于桔信分期用户只要继续使用99广田套餐，就可以免费获赠一条1000M宽带，桔信用户继续在网的可能性会大大提升。预计有10%的用户不接受，1户支付套餐费99×24＝2376元，3000

户兜底预计支付成本 712.8 万元。

2. 比特积分可互转。积分可在场景内自由地传递，用户可以将获得的积分转赠给亲友，帮助亲友获得通信服务。

3. 比特积分可回购。平台每年将平台所获盈利的 40% 回购所有平台流通的积分，回馈给所有平台用户。

其次为了激励各个联盟和社区节点主动推广维护社区通信服务区块链平台，提供高质量通信服务，开发"通信比特积分"，在平台上起到激励作用。通信比特链平台计划总共发行 1 亿比特积分，具体发行方案如下：

1. 杨总公司获得 1 千万比特积分作为创始公司奖励；

2. 滨海广田公司作为战略投资人获得 500 万比特积分作为千兆宽带产品投资奖励；

3. 联盟合伙人和社区节点获得 100 万比特积分作为节点奖励；

4. 原桔信分期 3 万用户专属种子比特积分按 1 户 99×24 = 2376 分，3 万用户预计 7128 万比特积分；

5. 剩余 1272 万比特积分用于平台运营推广及用户奖励。其中第一年计划用户奖励发行量为 50%，激励政策将随着比特积分发行总量的数量变化进行阶段性调整，其中用户比特积分奖励发行量达到奖励发行总量的 50% 时，所有用户奖励积分数量将进行减半。

用户可通过平台消费、实名注册、邀请好友注册等各种方式获得比特积分奖励；通信服务人员可通过提供通信服务等方式获得比特积分奖励；平台可根据运营的发展情况设置新的积

第六十二章 通信服务区块链平台

分获得机制，经治理委员会批准后实施。联盟合伙人或社区节点合伙人都可通过邀请商家、推广平台注册用户获得奖励。

最后是盈利模式。在短期，通信比特链平台主要从通过通信服务、消费返佣和服务抽佣三个方面实现盈利。在未来的发展中，随着生态的持续发展，生态的收入逐步从消费返佣和服务收入过渡到生态记账收入。未来平台将是一个共同富裕的"大同"社会，所有拥有比特积分的用户都会因为自己的付出而获得更大的收入。

"也许 1 年以后，你这平台的比特积分会像真的比特币一样实现价值翻十倍，甚至百倍！"士隐说到最后激情澎湃。

杨志听完士隐的方案，脸上震惊的神色好久才慢慢消失，士隐也露出焦急的神态，等着杨志的表态。

良久，杨志才开始说道："士隐，不得不承认，你的这个方案确实比较惊世骇俗，但我现在不能答复你，因为还是有许多不确定性。"

士隐着急道："杨总，救人如救火，现在事态发展万分紧急，不然这个方案我是准备报广田内部来逐步实施的！"

杨志说："这样，现在已经转钟了，你今天就在我这边客房休息一晚，明早我给你答复。"

事已至此，士隐也不好逼得太紧，只是这一夜注定无眠。

第二天一早，士隐起床，被窗外的红日初升的景象震撼，赶紧换上衣服，跑出去欣赏。跑到半山腰，就遇见杨志也在晨跑。士隐上去打招呼，问道："杨总，好精神啊，这么早就起来晨练啦，项目考虑咋样啊，我今天得回去跟我们朱总回话了。"

杨志看见士隐，笑道："士隐，我考虑一晚上也没下定决心，这样吧，再给你一分钟，你告诉我一个相信你的理由。"

士隐望向江边冉冉升起的朝阳，说道："杨总，你见到过明天升起的太阳了吗？"

杨志答："没有。"

士隐接着问："那你相信太阳明天会升起吗？"

杨志答："当然相信。"说完，他就笑了，说道："士隐，你真是个鬼才，行吧，跟你去见你们朱总吧。"

第六十三章
千钧一发

士隐带着杨志往广田公司赶,才来到大门口,就看见黑压压的人群在围堵大门,士隐暗叫不好,连忙拉着杨志往里面挤,正看见桔信分期的阿飞围着朱明松发追讨函。

士隐振臂一呼,开始救驾,阿飞还有勇哥一行见半路杀出个"程咬金",问道:"你说7天可以解决我们欠款,你如何解决啊?"

士隐说:"各位桔信分期用户听我说,我们滨海广田是有信心有诚意帮大家一起来解决问题的,已经有了一个初步解决方案,而且滨海首富杨志先生也愿意参与进来,跟我们广田一起合作推进这个方案!"

士隐说着,望向杨志,杨志一脸苦笑,不得已站出来说道:"大家好,我是杨志,作为滨海市的企业家,我有责任帮滨海广田一起共渡这个难关!"

众人一看,滨海首富都出来了,看来说的方案靠谱,竟有人主动拍起巴掌,一下子围堵的用户都鼓起了掌,叫道:"我们有救啦!"

这时阿勇站出来说道:"那请问具体是什么解决方案呢?"士隐说:"为了更快与大家就方案达成一致,我们需要细谈,这样,你们选几个代表出来跟桔信分期公司的人一起到我们公司会议室详谈,其他人就回去等消息吧,围在这里也解决不了问题。"

众人都说:"阿勇是律师,是我们的带头人,阿勇定吧。"接着阿勇选了几个代表跟着阿飞一起,随着士隐、杨志往滨海广田会议室走。朱明松拍着士隐的肩膀说:"士隐,没想到你把杨志都请过来了,这个项目就全权授权你负责了,谈完了跟我说,我还要向省公司包括市里汇报呢。"说完握着杨志的手,说:"杨总,感谢雪中送炭啊!"杨志回答:"朱总,合作共赢,我还等着这个项目赚钱呢。"

广田会议室里,士隐把这个宏大的"社区通信服务区块链平台"项目从比特积分设计、比特积分发行、盈利模式及生态打造等各方面进行了介绍。

阿飞说道:"我们不管你这什么区块链,还是什么比特积分,只需说明你们什么时候为这批用户还款就行。不过比特币我知道,当年我花 1 万多块钱买过 1 枚,后来没守住,2 万块的时候就跑了,你这什么比特积分要是能增值就发了。"

士隐说:"你们的问题待会解决,先请桔信分期的用户发言吧。"

阿勇说道:"你这个项目听起来高大上,但还是要我们用

第六十三章　千钧一发

户每个月缴 99 元钱吧。"

士隐说："勇哥，你说得对，但第一你们相当于 99 元消费既包了 20G 手机流量又送了一条千兆宽带，这个资费在滨海市场上是买不到的；第二你们还获得了参与这个平台，获得比特积分的机会，未来随着平台的发展，你们的比特积分也会增值；第三你们也可以选择不参与，诉诸法庭。"

阿勇答："打官司，我不怕，我就是律师。"

士隐笑道："勇哥，我知道你是律师，你应该知道，打官司时间成本会很高的，拖个一两年你们拖得起吗？而且我们滨海广田已经报案了，对我们公司前副总钟慧和代理商王士利以集资诈骗罪进行立案，你非常清楚，一旦法院判决诈骗罪，那么这批欠款就属于钟慧、王士利的个人犯罪行为，不属于职务侵占行为，我们滨海广田公司可以不予赔偿。"

后来几个代表一听不赔，都激动起来，吵嚷着叫道："还我欠款，还我欠款。"

士隐说道："你们不要闹，我们滨海广田之所以愿意跟你们谈，就是在履行我们的社会责任。这是滨海广田桔信分期项目和解备忘录，你们回去考虑下，想通了就把这个和解书由你们授权代表签了，我们一起合作把这个通信服务平台建好；想不通那就只有走司法程序啦。"

阿勇虽然嘴上说要打官司，但心里清楚士隐说得没错，于是说道："我们回去跟大伙商量下再回复吧。"

士隐说道："没问题，最迟明天中午前回复，晚了，我怕杨总这边又变卦了。"士隐又逼了一下他们。

签协议，虽然缴费但获赠了一条千兆宽带，还有比特积分未来红利分享；不签协议，就等着打官司，还不知道结果如何，两害相权取其轻，是个明白人都会选择签。

果不其然，第二天90%的桔信分期用户都选择了签和解协议，还有10%的钉子户由杨志兜底解决。

就这样，闹得沸沸扬扬的"桔信分期0元购"事件落下帷幕，杜春希、龙跃进等人被免职，钟慧、王士利被警方通缉，曾士隐作为英雄人物被报道，而新的"社区通信服务区块链平台"项目即将开始。

朱明松把这个项目处理方案给省公司还有集团做了详细汇报，化危为机，还得到了上级的高度认可，朱明松想给曾士隐庆功，士隐却向朱明松请了个长假，说要好好休息下，这次事件都因举报的那张"交杯酒"照片，把武媚也牵扯进来了，想陪她去度个假。

朱明松一听来劲了，说道："傻小子，想通了，什么时候你们办酒啊。"士隐挠挠头，说："那要问武媚啊。"说完就跑了，朱明松边送边在后边叫："武媚是个好姑娘，要珍惜啊。"

第六十四章
一年之约

士隐问武媚,想到哪里去玩,武媚答道:"呆子终于开窍了,第一次请本小姐,那要好好宰一顿啊,不选对的只选贵的,就坐 K3 国际列车到莫斯科来场跨国之旅吧!"

K3 国际列车从北京出发,六天五夜,终点站一直到俄罗斯的莫斯科,途经中、蒙、俄三国,被誉为中国最贵的列车。在电影《囧妈》上映之前,这趟火车就小有名气,在电影上映之后很多人都想去体验一下这趟列车,更是一票难求。

这趟列车一周只发车一次,而且车票只能通过国际旅行社购买,通过火车站和各类购票网站均无法购买。购买该火车票需先用电话预定,然后前往售票点购买,目前全国只有十二个城市提供售票服务。

士隐查好攻略,打好预约电话,带着武媚直达北京建国门大街 9 号,北京国际饭店一层,一问票价,高级包厢票价是 6080 元,硬卧的票价是 3793 元,两人订了高包,办理蒙古的过境签和俄罗斯签证，开始这趟跨国列车之旅。高级包厢里有两张床位，外加独立的卫生间，可以洗澡，包厢内有窗户、衣柜、电热水壶、衣服挂、可调节阅读灯、电视等一应俱全。

士隐说："我们在这个移动小家里要呆上6天了。"武媚说："还好有2个床位，晚上你别想有非份之想啊。"两人开始忙活，搬行李，铺床单，擦桌子，忙完列车就开始开动了。

在经过三个多小时的奔驰后，列车于下午2:30左右到达了塞外重镇——张家口。夜里十点，K3到达了边关重镇二连浩特，士隐说："过了这站，我们就出国境了，让我们拍个照纪念下吧。"说着士隐举起手机准备自拍，士隐手太短，两人在镜头里装不下，士隐示意近点，再近点，待武媚的面颊贴上来，士隐偷偷亲了一口，武媚嗔道："好啊，你个坏蛋！"伸出手准备打，被士隐接住，士隐抱住武媚脸庞，喘着粗气，慢慢靠近，武媚也没有反抗，闭上双眼，眼看两个嘴唇就要合璧了，突然"哐哐哐"一阵巨响，包厢外有人喊道："换轮了，换轮了。"

原来中俄（蒙）的铁路轨距不同，在这里火车要换车轮。接下来三十分钟，每隔一分钟左右火车就有一次剧烈的摇晃，一列长长的列车在机车的牵引下，将每一节车厢逐个对位，流程是这样的：缓缓前进——停车定位第一节（伴随不等次数的摇晃）——定位成功，解开第一节——对位下一节，如此循环。士隐尴尬地松开武媚，两人都笑起来。

1:25左右，列车缓缓地驶进了蒙古国边境车站扎门乌德，窗外的一切都显得那么神秘，站台上的蒙古士兵在敬礼，三步

第六十四章 一年之约

一岗、五步一哨。收发完护照，士隐困得不行，躺下就睡，迷迷糊糊感觉被窝里钻进一个人，耳边听见声音"抱紧我，士隐。"士隐睁眼一看竟是武媚钻进来了，对方一脸娇羞，说道："人家第一次出国门，好紧张啊。"士隐把她紧紧搂进怀里，武媚又叫道："只许抱，不许动啊！"两人就这样相拥伴随着颠簸的列车度过第一夜。

不知过了多久，士隐被摇晃醒了，抬头看，窗外大亮。起身，揉揉眼睛，哇！大平原！天是蓝的，地是黄的，打开手机地图的定位才知道已进入蒙古国东戈壁省，赶紧叫醒身旁的武媚，一起欣赏窗外的风景。一个小时之后，景色没变，来到中戈壁省，已到了中午，士隐带着武媚进入充满异域风情的蒙古餐车，点了两份汤，一份炒饭，一份牛排，一瓶啤酒，一杯奶茶，味道美极了。

离开乌兰巴托，远离无垠的广袤平原，途经蒙俄边境重镇苏赫巴托，两人终于等到了那激动人心的时刻到来，来到了神秘浪漫的贝加尔湖。

贝加尔湖，如同一轮弯月镶嵌在欧亚大陆，总面积约31700平方千米，是中国第一大湖泊青海湖的7倍，以蓄水量计算，作为淡水湖的贝加尔湖，更是夸张地达到23600立方千米，是中国所有湖泊之和的33倍，其奥秘便在于贝加尔湖无以伦比的深度，位于亚欧大裂谷之上，是世界上最深的三大湖泊之一。

4月的贝加尔湖面渐次冻结，未完全冻结的湖水将碎冰推向已冻结的冰面，形成面积广阔的碎冰区，两者相接之处，一半平整、一半凌乱不堪，形成一幅奇幻的画面。风雪起时，湖面一片苍茫，有如极地；纯净的冰体色泽似蓝宝石，又如外星世界里露出的机器人眼睛；春季临近之际，融冰开始活动，冰破时发出巨大的爆裂声，在冰面上迸开一道道深不可测的裂缝，仿佛整个世界都在崩裂。

武媚惊叹："这里好美啊。"士隐说："贝加尔湖有个美丽的传说：一个名叫贝加尔的富人有一个美丽的女儿，安加拉。这位老人很严厉，不让女儿见年轻人。但安加拉从海鸥那里听说了叶尼塞的事，他是一个英俊、快乐的人，从那以后，她就一直梦见他。她父亲发现了这件事，把她关了起来，说自己会给她找个称心如意的丈夫。就在安排好的婚礼之前，安加拉逃跑了，她的父亲再也没有见过她。他哭到生命的最后一天，眼泪变成了贝加尔湖。安加拉成了唯一一条从贝加尔湖流出的河流，就像一个女孩跑去看她心爱的人一样。"

武媚说："我就是那个女孩，追着我心爱的人来到这里。"说着望向士隐："你还记得跟我说过的一年之约吗，今天 4 月 15 日，正好是我们的约定期。"

士隐没有回答，唱起了李健的《贝加尔湖》：

我们流连忘返 在贝加尔湖畔

多少年以后 往事随云走

那纷飞的冰雪容不下那温柔

这一生一世 这时间太少

不够证明融化冰雪的深情

就在某一天 你忽然出现

第六十四章 一年之约

你清澈又神秘 在贝加尔湖畔
……

沙哑的声音伴随着跑调，但在武媚听起来是那么的优美，士隐从湖边拾起一个冰圈，说道："我当然记得，武媚，嫁给我吧。"说着想要戴在武媚手上当戒指，武媚笑道："你想得美啊，捡个石头就想把我打发了。"

士隐抱紧武媚，俩人相拥一起，武媚问："士隐，你会像这贝加尔湖一样爱我深吗？"士隐点头。武媚又问："你愿意为我做任何事吗？"士隐答："山无棱，天地合，贝加尔湖干，乃敢与汝绝。你说要我做什么？"武媚望着士隐说："我也没奢望天长地久，你给我留个念想，让我知道你曾经这样爱过我，我要一个惊喜。"士隐陷入沉思：在这浩瀚的贝加尔湖畔，一切都好渺小，自己从迪信跳到广田，一路跌跌撞撞，起起伏伏，历经多少浮沉，到底在追求什么？是江山事业，还是功名利禄，像钟慧这样的大领导，最终也仓惶而逃，到现在不知所踪。自古英雄难过美人关，士隐望着武媚那宝石般的大眼睛，在这贝加尔湖彻底陶醉了，深情地吻了下去，喃喃道："人生得一美人归，夫复何求，世间凡物，不足以点缀你这样的女人。我要给你开一间花店，这个花店在世间是独一无二的，好吗？"武媚听后说道："开花店一直是我的梦想呢，士隐，好爱你哟。"

一个月之后，士隐回到滨海广田，见到朱明松，朱明松说道："士隐，你小子跟武媚度蜜月去了，这么久才回，差点把正事耽误。告诉你好消息，集团准备破格把你作为三江省广田副总人选进行考察，考察组下周就要来啦，你要做好准备，这次升任，以后我都要跟你汇报工作啦。"

士隐听到这个消息，没有朱明松想象中的大喜过望，他不动声色地说道："朱总，我今天过来是向您辞职的。"

朱明松一听大惊，说道："辞职，你疯啦，马上好端端的省公司副总你不做，要辞职？"

士隐说："呵呵，不爱江山爱美人吧，我已经答应武媚了，一起开间最浪漫的花店，服务最浪漫的人！"

朱明松听后震惊良久，最后只说了句，"就当给你放个长假吧，花店开张了，通知我去捧场。"

"谢谢朱总。"士隐离开了朱明松办公室。

第六十五章
1314 花店开张

"抛开枯燥无聊的指标通报，每天端着一杯咖啡，守在属于自己的花店里，伴着花香，跟所爱的人一起为来往匆匆的情侣送去温馨祝福，这听起来就很浪漫。"武媚的话一直在士隐耳边萦绕，但士隐知道花店这一行远没有看上去的那么浪漫，背后是残酷的竞争和多少为梦想买单后的退出。

据企查查 2020 年 7 月发布的数据显示，目前我国共有花店相关企业 88 万家，仅在 2019 年相关企业注册量就达到 18 万家，同比增长 12%，是 10 年前的 3.7 倍。虽然花店数量激增，但遮盖不了多家花店因为经营不善而最终倒闭的境况。据企查查 2020 年 7 月数据显示，近 5 年花店相关风险信息数量逐年上升。2019 年已经达到 8793 条，较 5 年前增长了 46%。而在总量达到 3 万多条的风险信息中，经营异常达到 31483 条，占比 95%。

要在众多花店中脱颖而出，给武媚一个浪漫的惊喜，士隐就要出奇制胜。首先是定位，这个花店世间独有，定位就要高，要奇，定价要高，一束花就要1314.520元，叫"一生一世"花，寓意"一生一世我爱你"。

什么样的产品与服务能够支撑起这么高的定价呢？要靠创新，在士隐花店买一束"一生一世"花，同时会赠送一对情侣手机号，情侣之间一生一世免费拨打，这个号叫"一生一世"号。什么叫"一生一世"号，这个号要实名登记办理，尾号就是这对情侣的生日，同时这对情侣号要承诺一生一世只为所爱之人开启，也就是这对号只能这两个情侣间使用，保证24小时在线，违反这一规则，视为违约，违约方要向对方赔付违约金，违约金设为1万元、10万元、100万元三档，花店作为监督方，收取10%手续服务费。

这样设计下来，这个花店卖的就不单单是一束花，而是一份承诺，一份保险。

销售场景是这样的：在热恋中的情侣，女生问男生："你爱我吗？"

男生答："亲爱的，我当然爱你了。"

女生再问："你会爱我多久？"

男生答："我希望是一万年。"

女生说："一万年太久，我只要今生今世，'1314'花店开张，你去给我买束'一生一世'花吧，还送情侣号，只能在你我间拨打。"

男生说："一生一世花？"

女生说："怎么，你不愿意？那你还说爱我一生一世，你

第六十五章 1314 花店开张

这个骗子!"

男生说:"好好,亲爱的,我们去买'一生一世'花。"

服务流程是这样的:女生带着男生来到"1314"花店,门上有一块巨大的显示屏,里面有六块分屏,第一块显示"1314"花实时销售数据,第二块显示花店里每个房间正在为情侣办理"1314"的场景直播,第三块显示"恭喜××先生为××女士喜提'一生一世'花"的祝贺短信,第四块是花店的公众号二维码,扫码预约登记办理。

进门前先出示预约码,凭码方可进入。

进入后提交双方身份证进行系统查询,是否前期已办理,如已办理,违反"一生一世"服务条款,将不予办理,同时前期已办理"一生一世"号予以解约,并根据协议进行违约金支付。

如未办理,进入下一环节,选择"一生一世"号,情侣双方在号池里进行选号,士隐找朱明松专门申请了第一批 10 万个号码供用户选择。

选号后还要申请做限制呼叫处理,即两个号码只允许互相拨打,其他号码拨不出去,也打不进来。

下一步是选择"一生一世"花,再下一步就是签订"一生一世"服务协议,核算服务金额,有 1314、13140、131400 三档。

最后是支付,支付完后不能立即领取,还要等 9 个工作日后再来领取,寓意"天长地久"。

一套流程下来,非常烦琐,但办理的人络绎不绝,后来只能采取限号，每天限办50对。

朱明松给士隐打来电话，一是祝贺他俩花店开张，二是赞叹他的服务模式实在高，三是有几个朋友要办'一生一世'号，要他办理。士隐笑着连忙感谢，表示马上安排办理。

"1314"隐媚花店一开张就引起滨海各大媒体的关注，很快登上滨海头条热搜。滨海年轻人的口头禅也变成了"'一生一世'花，你领了没？"

武媚对士隐送给她的这份礼物十分满意，每天带着士隐看着一对对情侣喜提"一生一世"花，也非常开心。武媚说："士隐，我们就这样把1314花店开下去，开一生一世，好吗？"士隐抱着她说道："好，一生一世。"

这天，武媚正在花店门口打理鲜花，进来一人，戴着鸭舌帽，大墨镜，问武媚："请问今天可以办理吗？"武媚正要回答："请先预约。"那人摘下墨镜，武媚一看竟是一直被警方通缉的钟慧，心里一惊，钟慧掏出一个东西抵住了武媚后腰，说道："不想死，就跟我走。"说完，留下一张纸条，带着武媚匆匆离去。

士隐回来，不见武媚，只看见一张纸条，上面写着"一生一世，我叫你武媚不生不死。"落款是：钟。

士隐和武媚之后又经历了哪些事，请看续作。